DDR
Kochbuch

DDR Kochbuch

KOMET

Autoren: Barbara und Hans Otzen

Gesamtherstellung: KOMET Verlag GmbH, Köln

ISBN 978-3-89836-350-1

www.komet-verlag.de

Bildnachweis:

picture-alliance/ AKG: S. 8, 10 (2), 11, 13, 14, 16 (2), 17, 28, 45, 47 oben, 48, 200, Schutzumschlag (10); picture-alliance/ dpa: 9 (2), 12, 15, 18, 19, 20 (2), 21, 22, 23, 24, 25, 26, 29, 31, 32 oben, 33, 34 (2), 35, 36, 37 unten, 38, 39, 40 (2), 41, 42 (2), 43, 44 unten, 46 (2), 49, 50 (2), 51, 53, 54, 57, 70, 92., 220, 222, 224.

Alle übrigen Abbildungen stammen aus dem Archiv des Verlages.

Klassische Erzeugnisse aus DDR-Produktionen, die sich noch heute – heute wieder – großer Beliebtheit erfreuen

Vorwort

Im Überschwang der Ereignisse des Jahres 1989, denen wir die Wiedervereinigung der beiden deutschen Staaten verdanken, wurde manches verdrängt oder vergessen und vieles verdammt, was sich später wieder als wertvoll und erinnerungswert erweisen sollte. Dies gilt in besonderem Maße für die Kochkultur, wie sie in der Deutschen Demokratischen Republik gepflegt wurde und die wie kaum ein anderer Lebensbereich ein halbes Jahrhundert DDR-Geschichte auf sehr anschauliche und handfeste Art und Weise widerspiegelt.

Mit dem Ende des Zweiten Weltkriegs und dem Zusammenbruch aller Versorgungsorganisationen bestand zunächst das Hauptziel der Menschen – der alteingesessenen Bewohner wie auch der hinzu gekommenen Flüchtlinge – darin, die notwendigen Grundnahrungsmittel zur Aufrechterhaltung der Existenz für sich und ihre Familien zu beschaffen. Die Trennung Deutschlands in zwei so gegensätzliche politische und ökonomische Systeme, wie sie nun einmal der planwirtschaftliche Osten einerseits und der marktwirtschaftliche Westen andererseits darstellten, hat dann auch ganz schnell die Lebensbereiche des Essens und Trinkens erfasst. Im Westen ermöglichte der weltweite Handel Zugang zu Nahrungsmitteln und Getränken aus aller Herren Länder, im Osten war das mengenmäßige Angebot zwar bald ausreichend vorhanden, aber bis zum Ende der DDR durch teilweise knappe Warenpräsenz und geringe Auswahl gekennzeichnet. Während sich im Westen das Interesse ausländischer, gar exotischer Küche zuwandte, brachte die Öffnung der DDR zu den Mitgliedsländern des Rats für Gegenseitige Wirtschaftshilfe neue Impulse vor allem aus der osteuropäischen Küche. Im Westen folgte als nächste Welle die Rückbesinnung auf die Deutsche Küche, basierend auf der modernen Umgestaltung alter landsmannschaftlicher Rezepte. Im Osten war diese landsmannschaftliche Küche aus Mecklenburg bis Sachsen in den Haushalten immer präsent, die Einkaufssituation erforderte aber einen Einfallsreichtum, wie er sich in dieser Art im Westen nicht zu entwickeln brauchte. Aber gerade im Umgang mit diesen knappen Möglichkeiten liegt eine der Besonderheiten der DDR-Küche, deren wahre Vielfalt sich eigentlich erst jetzt wieder erschließt, wo man neben den „Wunden der Wende" auch die Vorzüge des früheren Lebens in der DDR wieder entdeckt.

Als „ostalgisch" wird diese Entwicklung gerne bezeichnet, allerdings immanent mit der Gefahr verbunden, die negativen Seiten des Lebens in der DDR nur allzu leichtfertig zu verdrängen. Doch an viele Dinge des alltäglichen Lebens erinnert man sich gerne. Das beste Beispiel hierfür bildet die Renaissance alter DDR-Lebensmittel, mit denen der Markt neu belebt wird – wenn auch in neuem Gewand und sicherlich auch neu komponiert. Aber überall auf der Welt ändern sich die geschmacklichen Vorlieben gerade bei Nahrungsmitteln und Getränken weit schneller, als dies manchem Hersteller lieb ist. Und so erinnert man sich auch gerne daran, wie man mit diesen Produkten schmackhafte Gerichte kreiert hat und welchen Spaß man daran hatte, sie zu Hause oder im Freundeskreis zu genießen. Die Rezepte in diesem „DDR-Kochbuch" sollen an die schönen Stunden in dieser Zeit erinnern!

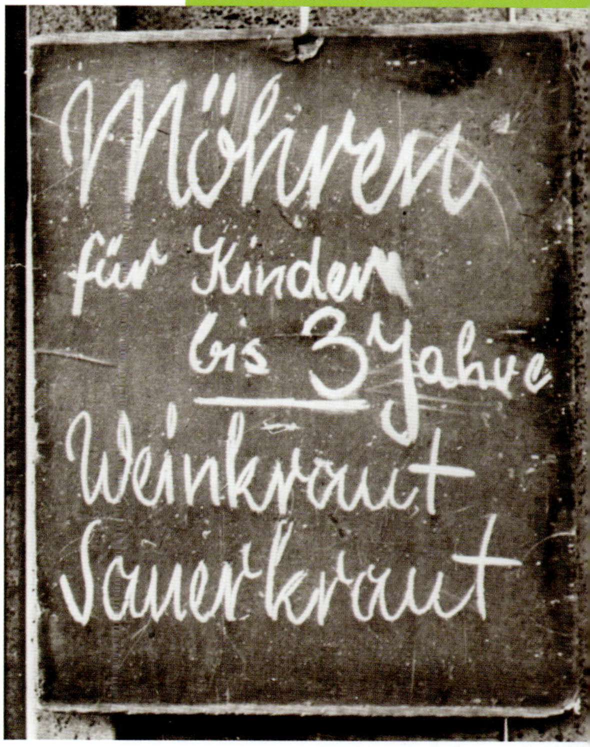

Versorgungsengpässe nach dem Ende des Zweiten Weltkrieges erforderten Einfallsreichtum bei der Gestaltung des Speiseplans

In Betriebskantinen wurden warme Mahlzeiten für die Werktätigen zubereitet

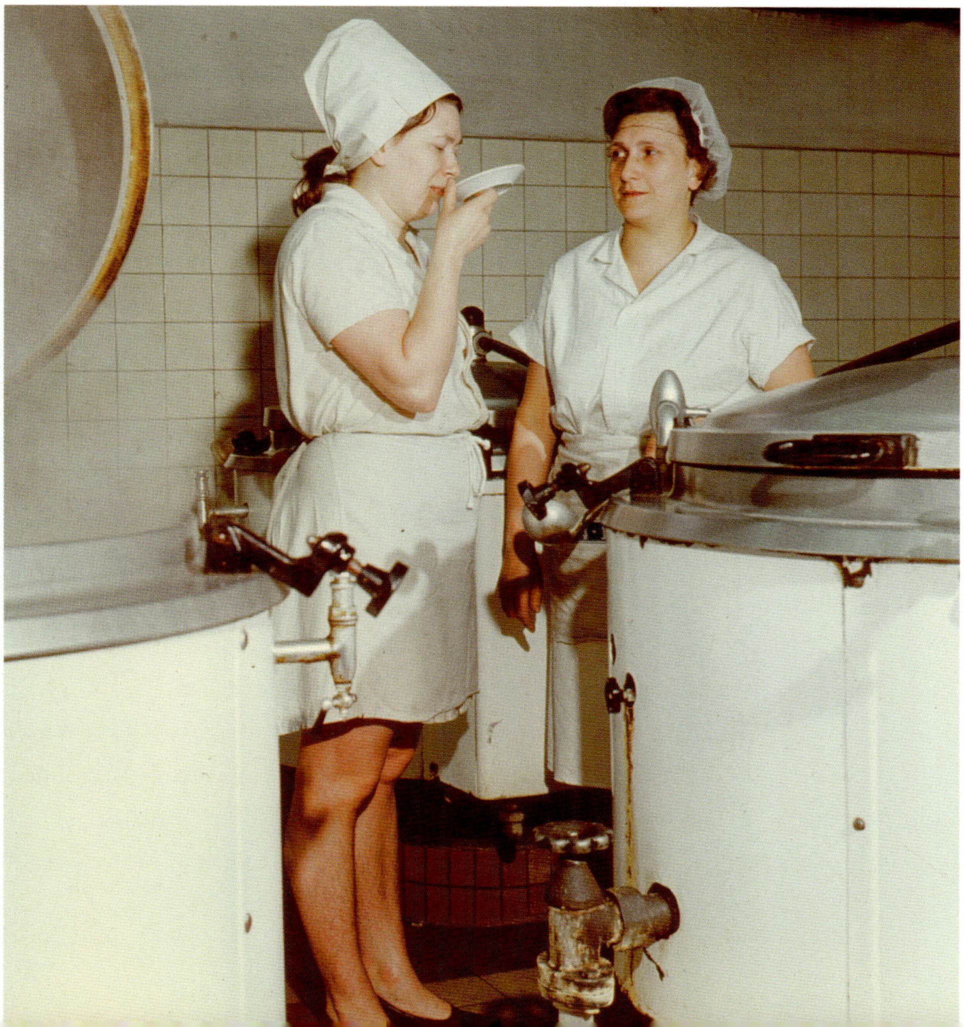

Kochen in der DDR

Mit dem Ende des Zweiten Weltkrieges brach das Deutsche Reich zusammen, die Ostgebiete kamen zu Polen, Mitteldeutschland wurde zur Sowjetischen Besatzungszone („SBZ"). Die Städte waren zerbombt, die Wirtschaft kaum noch arbeitsfähig. Und was an Industrieanlagen in der SBZ noch vorhanden war, wurde zu großen Teilen im Wege der Demontage als Reparationsleistung in die Sowjetunion verbracht. Darüber hinaus bluteten Reparationszahlungen der SBZ (Sowjetische Besatzungszone) an die Sowjetunion, die noch bis 1953 geleistet wurden, das Land zusätzlich aus.

Betriebskantine

Fast alle Betriebe in der DDR – egal ob volkseigen oder Kombinate – verfügten neben Fortbildungseinrichtungen („Betriebsakademie") über Urlaubseinrichtungen („Betriebserholungsheim"), über eine Betriebsgewerkschaftsleitung (die nichts zu sagen hatte) sowie zur Pausenversorgung der Werktätigen auch über eine Betriebskantine. Hier wurden zu hoch subventionierten Preisen Nahrungsmittel und ganze Mahlzeiten ausgegeben. Die Stimmungslage unter den Werktätigen im Betrieb hing unter anderem sehr von der Qualität der in der Kantine ausgegebenen Speisen ab. Selbst wenn diese in Ordnung war, hatten die Kantinenräumlichkeiten in den Betrieben doch immer Abfertigungscharakter.

Oft recht kalorienreiche Gerichte wurden für die Belegschaften der VEBs, VVBs oder der späteren Kombinate zubereitet. Werks- und Bürokantinen nahmen eine bedeutende Rolle in der Ernährung der Bevölkerung ein

Die Werktätigen in der DDR nahmen ihr Mittagessen meist gemeinsam in der Werkskantine ein. Zu Hause wurde im Vergleich zur Bundesrepublik Deutschland relativ selten für die Familie gekocht

Lebensstandard in der Nachkriegszeit

In den ersten Nachkriegsjahren trat zur großen Wohnungsnot der Menschen noch Hungersnot hinzu. Die Landwirtschaft konnte mangels Betriebsmitteln kaum mehr produzieren, die Bodenreform, mit der seit September 1945 alle landwirtschaftlichen Betriebe mit einer Fläche von mehr als 1000 Hektar in der SBZ enteignet wurden, zerstörte vorhandene Betriebsstrukturen – und das, was das Land noch hergab und was nicht selbst verzehrt wurde, kam nicht mehr zum Verbraucher, weil es die alten Vertriebswege nicht mehr gab. In den Jahren 1945-48 wurden große Teile der Industrie in so genannte Volkseigene Betriebe (VEB) umgewandelt – dies traf die Ernährungsindustrie gleichermaßen.

Den Menschen in der SBZ ging es schlecht. Während im Westen Care-Pakete die Not wenigstens teilweise lindern konnten, hatte die Sowjetunion, die vom Kriegsgeschehen am stärksten betroffen war, genug damit zu tun, ihre eigene Bevölkerung einigermaßen mit Lebensmitteln zu versorgen. So musste man sich selbst helfen – Hamsterfahrten auf's Land waren an der Tagesordnung. Doch das war im Westen genauso. Hier ging es aber schneller bergauf. Der

Westen verzichtete auf Demontage, Reparationszahlungen wurden nicht verlangt – im Gegenteil, mit dem Marshall-Plan brachten die Amerikaner sogar Investitionsmittel zur Wiederbelebung der Wirtschaft im Westen auf.

Im Westen wie im Osten stellte man mit dem System von Lebensmittelkarten zunächst die Grundversorgung der Bevölkerung mit Nahrungsmitteln sicher. Dieses System war im Westen spätestens seit der Einführung der D-Mark am 20.6.1948 hinfällig geworden. Die Konvertibilität dieser Währung stellte die Grundlage für den nun im Westen massiv einsetzenden wirtschaftlichen Aufschwung dar – das „Wirtschaftswunder" war geboren. Mit diesem kaufkräftigen Geld konnte sich die Westbevölkerung wieder Nahrungsmittel ihrer Wahl leisten. Nach den entbehrungsreichen Jahren häufte man auf die Teller, was gefiel. Dicke Koteletts mit leckeren fetten Saucen mit einem ordentlichen Schlag Kartoffeln beglückten die Menschen – die „Fresswelle" hatte eingesetzt.

Lebensmittelkarten

Die Entwicklung auf dem Gebiet der Sowjetischen Besatzungszone nahm einen anderen Verlauf. Auch in der SBZ wurde im Wege einer Währungsreform – nur drei Tage nach der im Westen – die alte Reichsmark durch eine gleichfalls D-Mark genannte Währung ersetzt, die ab 1968 „Mark der deutschen Demokratischen Republik" hieß. Es blieb immer eine „schwache" Währung ohne internationale Kaufkraft. Diese Währung blieb aber auch immer eine ungerechte Währung, denn DDR-Bürger mit Zugang zur D-Mark, die ihnen vor allem Verwandte aus dem Westen zukommen ließen, konnten sich ganz andere Dinge leisten als solche ohne „Valuta". Und entgegen dem vereint von den vier Siegermächten im Potsdamer Abkommen vom 2.8.1945 ausgedrückten Willen, ganz Deutschland als wirtschaftliche und politische Einheit zu belassen, wurde die SBZ allmählich dem Ge-

In Ost und West besserte sich die Versorgungslage seit Mitte der 50er Jahre erheblich

Ein Feinkostladen in Penig/Sachsen um 1958 hält ein umfangreiches Angebot bereit

sellschaftssystem der Sowjetunion angeglichen. Die Staatsgründung der Deutschen Demokratischen Republik erfolgte am 7.10.1949. Sukzessive wurde das Wirtschaftssystem der DDR durch das Zentralkomitee der SED in die Zentralverwaltungswirtschaft (Planwirtschaft) überführt, gekennzeichnet durch zentrale Planung des Wirtschaftsprozesses, administrative Festlegung von Preisen und Löhnen, staatliches Außenhandels- und Valutamonopol. So wurde auch der Bevölkerungsbedarf durch die Staatliche Planungskommission, einem Organ des Ministerrats der DDR, festgelegt, also die Gesamtheit aller Produkte, die von den Privatpersonen erworben werden konnten. Um die Produktion an Gütern in Ostdeutschland weiter anzukurbeln, wurden die Arbeitsnormen, die so genannten Sollvorgaben für Arbeitsleistungen, ständig weiter angehoben. Der wachsende Unmut über die zunehmende Ausnutzung der Werktätigen, ohne dass ihrem Lohn eine entsprechende Kaufkraft gegenüberstand, führte zur Arbeitsniederlegung durch Ost-Berliner Bauarbeiter, aus der sich dann am 17. Juni der Volksaufstand gegen die Ostberliner Führung entwickelte. Was daraufhin geschah, ist eine weltbekannte Tatsache: Russische Panzer griffen ein und warfen den Volksaufstand nieder.

Aufbruchjahre

Rückwirkend kann man feststellen, dass sich die zweite Hälfte der 50er Jahre zu innerstaatlichen Aufbruchjahren der DDR entwickelte. Endlich war die Zeit der reinen Notbehelfe in der Ernährung vorbei, das Angebot an Nahrungsmitteln und Getränken erweiterte sich, 1958 wurden die letzten Lebensmittelkarten abgeschafft. Inzwischen war der Konsum, der in der Nazizeit nicht mehr existieren durfte, neu gegründet worden. Diese genossenschaftlichen Läden verbreiteten sich bald über das ganze Land. Später angeschlossene „Konsument“-Produktionsbetriebe sorgten für den weiteren Ausbau des Lebensmittel- und Getränkesortiments in der DDR. Bereits 1948 war die Staatliche Handelsorganisation (HO) gegründet worden. Schon 1950 bot ein erster HO-Laden Lebensmittel frei, also ohne Lebensmittelkarten, an. Im Laufe der Existenz der DDR waren unter der Führung der HO alle wirtschaftlichen Organe, Betriebe und Verkaufseinrichtungen des volkseigenen Einzelhandels wie etwa die „Centrum“-Warenhäuser, „Magnet“-Warenhäuser, „Inter-Hotels“ etc. zusammengefasst worden.

Walter Ulbricht besucht eine LPG

Ulbricht besichtigt eine LPG. Auf dem Feld sagt er zum Vorbesitzer:" Nu ja, dieser Roggen, ja, ist aber kurz." "Das ist Gerste, Genosse Ulbricht." "Nu ja, Hackfrucht bleibt Hackfrucht."

Schlangestehen gehörte viele Jahrzehnte zum täglichen Einkauf

100 blatt·briefblock
Freedom
10 protections féminines adhésives
Карамель
Метелица
Драже
Орех
200г.
Sternburg
German Pils
Export
Viking
Cerveza
Hatuey
Super Extra
Würz sauce
Würzsauce
Möhren
Äpfel, Bananen
té Club
Kaiser's
coffee
chocolate
Coffee chocolate/net wt.
Vollmilch
Schokolade
Mint Drops
Nice'n'chewy
Orange chews
Blackcurrant chews
Fruittella
Greco

Berufstätigkeit der Frau

Im Zuge des einsetzenden wirtschaftlichen Aufschwungs der DDR wuchs der Arbeitskräftebedarf, gleichzeitig wanderten aber immer mehr Menschen in den Westen ab, so dass sich die Staatsführung veranlasst sah, Frauen stärker in den Wirtschaftsprozess mit einzubeziehen. Die Berufstätigkeit der Frau entsprach aber auch ganz den gesellschaftlichen Vorstellungen von der Gleichberechtigung von Mann und Frau in einer sozialistischen Gesellschaft und wurde daher auch aus ideologischen Gründen staatlicherseits gefördert.

Die Berufstätigkeit der Frau bedeutete in der Konsequenz, dass die Hauptmahlzeit einer Familie werktags nicht mehr zu Hause eingenommen werden konnte. So ergab sich in der DDR von vornherein eine ganz andere Ernährungsorganisation als in dem sich in dieser Hinsicht viel traditioneller entwickelnden westlichen Deutschland. In der DDR nahmen Werks- und Bürokantinen schon bald eine bedeutende Rolle in der Ernährung der Bevölkerung ein. Und um das Betreuungsproblem für die Kinder zu lösen, wurden Ganztagskinderhorte eingeführt, die auch Verpflegung boten, in der Schule gab es vormittags die etwas längere Milchpause und nach der Schule konnte ein Mittagsmahl eingenommen werden – für die Oberstufe ging dann allerdings der Unterricht weiter. Häusliches Kochen fand so in der Woche kaum noch statt. Und auch am Wochenende – seit 1967 war der Sonnabend für die Berufstätigen in der DDR arbeitsfrei – war auch die Zeit für die Zubereitung von Mahlzeiten knapp. Dieses Problem war für die Staatsführung der DDR von so grundlegender Bedeutung, dass die Staatliche Plankommission darauf einging. So entwickelten die Volkseigenen Betriebe der Ernährungsindustrie nunmehr vorgefertigte Produkte und Fertiggerichte, von denen Kukoreis (= Kurzkochreis) und Tempolinsen (= vorgegarte Linsen), Tempobohnen und Tempoerbsen Kultstatus erreichten.

Die Produktpalette erweiterte sich, auch durch den engeren Kontakt zu vielen Ostblockländern, beständig

Bananen

Zwei Kollegen gehen in einen Laden, in dem es gerade Bananen gibt. Sie reihen sich ein. "Es gibt aber nur ein Pfund pro Kopf", raunzt die Verkäuferin. "Gilt das auch für Nationalpreisträger?" fragt der Kunde. Die Verkäuferin packt drei Pfund ein. Wieder draußen fragt sein Kollege erstaunt: "Hör mal, du bist doch gar kein Nationalpreisträger." "Nein, aber man wird doch wohl mal fragen dürfen!"

Die Berufstätigkeit der Frau entsprach den Vorstellungen von Gleichberechtigung in der DDR

Hamm wa nich!

Traf eine lang ersehnte Ware ein und wurde dies durch Mund-zu-Mund-Propaganda bekannt, stürmten die Käufer auch während der Arbeitszeit zu den Geschäften, um das begehrte Gut zu ergattern

Einkaufen in der DDR hatte seine Besonderheiten. Wenn durch Flüsterpropaganda bekannt wurde, dass in der Stadt Bananen eingetroffen waren, setzte der Lauf in die Geschäfte ein – Arbeitszeit spielte da auch keine Rolle. In Leipzig gab es zur Messezeit sogar Außergewöhnliches. Im Intershop-Laden traf dann Schweizer Käse ein. Die Zimmervermieter, von den Messegästen frisch versorgt mit Westgeld, setzten zum Endspurt an – doch wer zu spät kommt, den bestraft das Leben. Zu lang wurden manchmal die Schlangen, und manch frustrierter Käufer ging dann leer aus.

Doch für den Alltagsbedarf ging das Einkaufen gemächlich daher. Dank EVP (= Einzelhandelsverkaufspreis). Die EVP's wurden für alle Waren der DDR vom Amt für Preise einheitlich festgelegt. Da kostete die Halberstädter Konserve in Halberstadt genauso viel wie in Dresden – wenn sie dann im Regal stand und nicht als „Bückware" verkauft wurde.

Die EVP's für Nahrungsmittel waren wie die Preise in den Betriebskantinen hoch subventioniert. Brot und Milch kosteten wenige Groschen, und eine 500-g-Kekse-Packung kostete genau fünfmal so viel wie eine 100-g-Packung. Die DDR-Regierung traute sich trotz wirtschaftlicher Not nicht, die Preise anzuheben. So wechselte man die Produkte aus. Die neuen enthielten dann entweder weniger Fett oder weniger Kakao und kosteten dann aber mehr als die ausgewechselten.

An die Schwarzmeerküste

In dem Maße, wie sich die DDR nach Westen hin verschloss, öffnete sie sich zaghaft gen Osten. Während Urlaubsreisen für die Westdeutschen zu einer Lieblingsbeschäftigung wurden, die sie auch über die Grenzen zu den Sonnenstränden an der Adria führten, begannen ostdeutsche Urlaubsaufenthalte zunächst in den Ferienheimen des ostdeutschen „Freien deutschen Gewerkschaftsbundes", die subventioniert und daher erschwinglich waren. Doch auch im Osten regte sich das Fernweh – und was für die Westler die Adriastrände bedeuteten, boten bald die Schwarzmeerstrände für die Ostler. Wenn auf diese Weise die Westler Spaghetti mit Tomatensauce kennen lernten, dann die Ostler bulgarischen Käse oder ungarische Salami.

Schon in ihren Aufbaujahren nahmen also die beiden deutschen Staaten eine divergierende Entwicklung. Während sich für Westdeutschland die ganze Vielfalt des Weltmarktangebots an Nahrungsmitteln und Getränken wie gleichermaßen die ganze Vielfalt der Kochkulturen der Welt eröffnete, vollzog sich in der DDR die Öffnung nach Osteuropa nur langsam. Zunächst ging es der Staatsführung darum, die Eigenproduktion an Nahrungsmitteln auszubauen, so dass sich ostdeutsches Kochen zwangsläufig auf die traditionellen Produkte des Landes konzentrierte – Hausmannskost war angesagt! Aber in beiden deutschen

Heiß begehrte Urlaubsplätze bot die Schwarzmeerküste für die Bürger der DDR

Viele Angebote waren nahezu bis zum Mauerfall nur an festgesetzten Tagen erhältlich

Teilstaaten blieb seither die Überernährung an der Tagesordnung. Der durchschnittliche Kalorienverbrauch der DDR-Bewohner lag im internationalen Vergleich an der Weltspitze. Aber auch in Westdeutschland hat sich das Zuviel an Ernährung, an Fetten, Zucker, Alkohol und etwa auch Fleisch bis heute erhalten – jedenfalls beklagen die Gesundheitspolitiker aller Parteien die enorm gestiegenen gesellschaftlichen Kosten, die aus falscher und zu reichlicher Ernährung resultieren.

Nicht nur im Westen, sondern auch in der DDR erhoben sich vermehrt Stimmen, die eine gesündere Ernährung propagierten. Hierauf reagierte die Staatsführung, indem nunmehr auch gesündere, kalorienreduzierte Produkte angeboten wurden. Beispielsweise kam jetzt „Cama" als gesunde Halbfettmargarine des VEB Thüringer Öl- und Margarinewerks Gotha auf den Markt. „Frische Rahmbutter" war seit 1972 das Pendant auf Milchfettbasis dazu. Dieses Produkt war aber nie ausgereift, es bröckelte und war zum Backen nicht geeignet, zum Braten zu wässrig. Auch der Westen blieb von diesen Produkten nicht verschont. Die Ernährungsindustrie ließ sich viel dazu einfallen, wie man mehr Wasser in der Butter oder in der Margarine schnittfest machen kann – dünner streichen wäre sinnvoller und kostengünstiger gewesen. Denn in der Regel sind auch heute noch die kalorienreduzierten Produkte teurer als das, was der Supermarkt vergleichsweise kalorienreicher anbietet.

Schwierige Versorgungslage

Auf einer Parteikonferenz erläutert Otto Grotewohl die schwierige Lage in der Versorgung und endet mit den Worten: Aus diesem Grund, Genossen, den Riemen enger schnallen." Da meldet sich ein Genosse: " Und wo gibt es Riemen, Genosse Grotewohl?"

Auf jeden Fall ließen sich die Verbraucher in Ost und West nicht den Geschmack und den Spaß am Essen verderben. Im Westen hatte man sich während der „Fresswelle" satt gegessen. Nun wollte man sein Essen richtig genießen. Da kam die „Nouvelle Cuisine" aus Frankreich gerade recht. Kleine Portionen, bissfest gegartes Gemüse, alles gut und fein auf dem Teller drapiert, aber auch sehr teuer.

Auch diese Welle überlebte sich rasch. Vernunft zog ein. Seither bemühten sich die Verbraucher im Westen zunehmend um Qualität und um Vielfalt – Kochen und Essen war zum großen Erlebnis geworden! Anregungen dazu kamen aus aller Welt. Alle europäischen Küchen sind heute in Deutschland präsent. Darüber hinaus gibt es Chinalokale allerorten, indisches Essen ist im Kommen –„Ethnic Food" („Die Küche der Völker") heißt diese neue Welle. Doch eines ist geblieben, nämlich das Interesse der Deutschen an ihren eigenen Kochtraditionen, deren Wurzeln auch in der landsmannschaftlichen Küche liegen.

„Omas Rezepte" sind wieder „in", natürlich den heutigen Bedingungen angepasst. Das, was früher mächtig und fett gekocht wurde, kommt heute leicht und geschmackvoll auf den Tisch. Vergessen ist die Sauce auf der Basis einer Mehlschwitze, dafür wird sie heute aus dem Fleischsud, vielleicht nur mit ein wenig Wein oder nur etwas Crème fraîche verfeinert, gewonnen. Die Weltoffenheit des Westens war aber auch in der DDR präsent. Vor allem das westdeutsche Fernsehen führte jeden Tag den Widerspruch zwischen den Parolen der DDR-Staatsführung und dem alltäglichen Leben in der DDR vor. Gerade die unnachgiebige Umgestaltung des Gesellschaftssystems in der DDR veranlasste immer mehr Bürger, ihrem Land den Rücken zu kehren und – den „Verlockungen des Westens" folgend – in die Bundesrepublik zu flüchten. Um diesem Aderlass entgegenzuwirken, wurde 1961 die Mauer gebaut, die fortan die Westgrenze der DDR undurchlässig machte. Diese „Antifaschistischer Friedenswall" genannte Mauer blieb die größte Hypothek, die bis zum Ende auf der DDR lastete. Doch die Staatsführung konnte sich nunmehr im Schutz der Mauer ganz auf die innere Weiterentwicklung konzentrieren.

Das Neue Ökonomische System

Das Ende der 60er Jahre in der DDR eingeführte Neue Ökonomische System gab angesichts der durch gesamtwirtschaftliche Planung überforderten vergesellschafteten Produktionsbetrieben mehr Freiraum in der wirtschaftlichen Gestaltung – aber auch nur innerhalb vorgegebener Rahmen. So konnte die DDR trotz ungünstigerer gesamtwirtschaftlicher Voraussetzungen gegenüber marktwirtschaftlichen Systemen durchaus beachtliche wirtschaftliche Erfolge erzielen und sich zur zweitgrößten Volkswirtschaft im Rat für Gegenseitige Wirtschaftshilfe („RGW"), dem östlichen Pendant zur westlichen Europäischen Wirtschaftsgemeinschaft („EWG"), aus der später die Europäische Union („EU") hervorging, entwickeln. So bitter es

Schlangestehen für das Begrüßungsgeld nach dem Fall der Mauer

Im Intershop waren begehrte West-Artikel für Valuta erhältlich

auch klingen mag – die selbst erwählte Abgeschlossenheit von der westlichen Welt hatte auch Vorteile für die DDR-Staatsführung. Die Produktion wuchs weiter und vor allem auch das Angebot an Nahrungsmitteln und Getränken erweiterte sich, erreichte aber nie ein Niveau, das die DDR-Bevölkerung auch nur annähernd zufrieden stellte.

Doch mit der Zeit gewöhnte sich die Welt an die zwar immer wieder angeprangerte DDR-Mauer, aber ohne Gewalt war sie offensichtlich nicht mehr zu beseitigen. Und im Zuge der einsetzenden Entspannungspolitik war Eskalation an der deutsch-deutschen Grenze nicht mehr angesagt. Das Wettrüsten zwischen Ostblock und Westblock um die Vorherrschaft in der Welt war volkswirtschaftlich immer weniger zu verkraften. Und in den demokratischen Ländern mehrte sich der politische Widerstand gegen das Wettrüsten auf der Erde. Die Unruhen des Jahres 1968 mit ihren vielen Studenten-Revolten hatten gerade der Bundesrepublik gezeigt, wie sensibel die Frage des Ost/West-Konfliktes geworden war. Und so bestand die neue Zielsetzung der Weltpolitik darin, durch vorsichtige Annäherung entspannend auf die beiden Machtblöcke einzuwirken. Dies hatte implizit zur Folge, das bestehende weltpolitische Ordnungssystem zu akzeptieren – mit der zwangsläufigen Folge, dass die DDR nunmehr auch im Westen hoffähig wurde.

Die „Goldenen Jahre“

So kann man also im Nachhinein die 70er Jahre als die goldenen Jahre für die DDR-Staatsführung bezeichnen. In dieser Zeit ging es nicht nur wirtschaftlich in der DDR bergauf, vor allem konnte sie sich in einer internationalen Anerkennungswelle sonnen, die zuvor niemand für möglich gehalten hätte. Doch fadenscheinig war dieser Glanz, die Bürger der DDR durchschauten die Parolen ihrer Staatsführung. Den stabilen Preisen in den HO-Läden und im Konsum standen die für DDR-Verhältnisse

Genosse Huhn

„Wir Hühner verpflichten uns heute, zu Ehren unseres Vaterlandes DDR nur noch 200-Gramm-Eier zu legen." Ein Zwerghuhn: "So ist das immer, die Großen hecken was aus, und wir Kleinen müssen uns wieder den Arsch aufreißen."

In HO-Läden und im Konsum galten festgesetzte Einheitspreise

exorbitanten Preise in den Delikat-Läden gegenüber, dazu noch ganz zu schweigen von der Ungerechtigkeit, im Intershop nur gegen Devisen einkaufen zu können. Aber was nützen selbst die stabilen Preise, wenn es so begehrte Produkte wie Apfelsinen oder Bananen nur sporadisch zu kaufen gab. Südfrüchte blieben „Kalenderfrüchte“ – diese Bezeichnung fiel solchen Produkten deshalb zu, weil es sie eigentlich nur vor Festtagen zu kaufen gab. Wenn es Bananen gab, schaute man in den Kalender und wusste, dass vierzehn Tage später Weihnachten war. Und die „Ersatz“-Apfelsinen, die die DDR-Staatsführung unter der Bezeichnung „Cubasinen“ aus Kuba einführte, waren strohig und eigneten sich eigentlich nur zum Auspressen.

Bei allem Unmut über die verdrießliche Situation in der DDR wollten sich die Menschen aber nicht die Freude am Leben verderben lassen. Angesichts der durch Betriebe, Gewerkschaften, Partei und andere sozialistische Einrichtungen permanent verplanten Freizeit durch angeordnete Veranstaltungen schätzten die Menschen ihren Privatbereich umso mehr. Man traf sich im kleinen Kreis, feierte gerne, und wenn es Sommer wurde, zog man am Wochenende in die Datsche, wo es dann mit Freunden hoch her ging. Sommers wie winters wollte man dabei zu Bier, Schnaps oder Wein auch gut essen. Das Fernsehen half dabei. Zwei Fernsehköche haben in der DDR Karriere gemacht: Rudolf Kroboth und Kurt Drummer.

Die DDR-Fernsehköche

Rudolf Kroboth ist als „Fischkoch“ populär geworden. Seine Fernsehkochsendung hat später sein Sohn Rainer Kroboth bis in die 70er Jahre hinein fortgeführt. Die DDR hatte sich nämlich eine Hochseefangflotte zugelegt. Seefisch wurde nun regelmäßig angelandet und ergänzte das knappe Angebot an Ostseefischen wie Hering oder Scholle vor allem um Makrele, Rotbarsch, Seelachs und Kabeljau. „Jede Woche zweimal Fisch hält gesund, macht schlank und frisch“ war die neue Parole im Lande. Und in der Tat gelang es, auch die Distribution für Seefisch durch entsprechende Kühltransporte so weit zu organisieren, dass regelmäßig Ware in die Geschäfte kam. Vor allem Makrele, die auf Dauer aber den Leuten auch zuviel wurde. Wer ein breiteres Angebot an Fischen suchte, musste allerdings in ein Delikat-Geschäft gehen. Dort konnte man auch russischen Kaviar und gelegentlich sogar Hummer oder Krebse einkaufen. Doch auch die Fischverarbeitung machte Fortschritte. Bald schon gab es Tiefkühlfisch und Fischkonserven aller Art. Durch Kroboths Initiative entstanden in mehreren Orten der DDR spezielle Fischrestaurants. Die Kette dieser Fischgaststätten trug die Bezeichnung „Gastmahl des Meeres“. Als erste Gaststätte erhielt die „Scharfe Ecke“ in Weimar 1966 diese Auszeichnung, weitere Gaststätten in Berlin, Rostock, Leipzig etc. folgten. Doch auch die DDR verspürte im

Im Hausgarten wurde der Speisezettel durch den Anbau von Gemüse erweitert

Die Fernsehköche propagierten: „Jede Woche zweimal Fisch hält gesund, macht schlank und frisch“

Laufe der Zeit die Auswirkungen der Überfischung der Meere. Die Fänge gingen zurück. Dazu schützten mehr Staaten wertvolle Fanggebiete vor ihren Küsten durch Erweiterung der Seegrenze von 12 auf 200 Meilen. So war die Neufundlandbank als Hauptzielgebiet der DDR-Fischfangflotte nicht mehr zugänglich. Das Seefischangebot in der DDR wurde immer knapper, so dass das DDR-Fernsehen Anfang der 70er Jahre die Rezeptsendungen des Fischkochs einstellte.

Die Kochsendungen im DDR-Fernsehen waren weiter ungeheuer beliebt. Nachdem der Fischfernsehkoch vom Bildschirm verschwunden war, nahm Kurt Drummer den neuen Platz als Fernsehkoch ein. Kurt Drummer war Chefkoch der „Vereinigung Interhotel“. Er stellte die gesamte Palette der Rezepte von der Vorspeise über Hauptgerichte und Desserts bis hin zu Getränken vor. Sein großes Verdienst war es dabei, diese Rezepte so zu gestalten, dass die erforderlichen Zutaten der momentanen und speziell der saisonalen Angebotslage in der DDR entsprachen. Er gab auch Tipps zum Improvisieren. „Aus dem Vorhandenen das Beste machen“ war seine unausgesprochene Devise. Seine Sendungen waren nicht zuletzt deswegen so beliebt – wie übrigens auch seine Kochbücher, die in der DDR reißenden Absatz fanden.

Produktionssteigerung

Anfrage des Landwirtschaftsministeriums an eine sächsische LPG: "Genossen, könnt ihr die Milchproduktion um 10 Prozent steigern?" "Kein Problem." "Genossen, könnt ihr die Milchproduktion um weitere 20 Prozent steigern?" "Natürlich können wir auch das, aber dann wird die Milch schon sehr dünn!"

Kurt Drummer hat mit seinen Kochsendungen auch das internationale Flair in die Küchen der DDR getragen. Sicherlich standen dabei osteuropäische Gerichte im Vordergrund, aber Drummer hat gleichermaßen auch die italienische Küche nicht nur mit Pizza, Spaghetti und Tomatensauce bekannt gemacht – schließlich gab es ja genügend Tomaten vom Balkan. So stellte er auch österreichische Rezepte vor wie gleichermaßen Rezepte aus Skandinavien. Französisches, Englisches oder gar Amerikanisches kam zwangsläufig selten vor. Und auch mit Rezepten aus dem kapitalistischen Westdeutschland ging er sparsam um. Dafür holte er aber so manches „Oma-Rezept“ aus der Schublade, mit dem die landsmannschaftliche Küche der ehemaligen ostdeutschen Länder zwischen Mecklenburg und Sachsen wieder belebt wurde. Hierfür waren ihm die Fernsehzuschauer besonders dankbar.

Vegetarier

Vegetarier in der DDR waren relativ selten und konnten aufgrund des Mangels an exotischen Früchten und Gemüsen nur über das Angebot aus der heimischen Produktion verfügen. Große Fleischportionen galten dagegen als fester Bestandteil der Hausmannskost.

Fleischlos glücklich zu leben war in der DDR gar nicht so einfach. Vegetarier galten im Kollegenkreis als Sonderlinge, der DDR-Staatsführung waren sie suspekt – wichen sie durch ihr Verhalten doch von der Norm ab. Und Hausmannskost mit großen Fleischportionen war zu DDR-Zeiten die Norm. Die Staatsführung wünschte sich genormte Menschen, die rückhaltlos zum Sozialismus als überlegener Gesellschaftsform standen.

Dabei hätten die DDR-Ökonomen doch den Vegetarismus fördern müssen! Zur Erzeugung von Fleisch ist nämlich eine große Menge pflanzlicher Produkte erforderlich. In guten Tiermastanlagen benötigte man drei (bei Teichfischen) bis acht Kalorien (für Rindfleisch) an pflanzlichem Futter, um eine Kalorie tierisches Fleischeiweiß zu erzeugen. Mehr Vegetarier hätten also sogar zu einer verbesserten Nahrungsmittelversorgungslage in der DDR beigetragen.

Nach der „Fischwelle“ gab es in der DDR die „Geflügelwelle“. Mit der Hähnchenproduktion konnte man schnell und kostengünstig die aufwändigere Schweine- und Rindfleischproduktion ergänzen. Bereits Anfang der 60er Jahre hatte man in Bulgarien mit der industriellen Geflügelproduktion große Erfolge erzielen können. Die DDR-Führung übernahm dieses System und gründete in den Bezirken „Kombinate Industrielle Mast“ (= KIM). Sie produzierten nicht nur Eier in ungeheuren Mengen, sondern auch Hühner, die mit mindestens 1000 Gramm Gewicht, besser noch mit 1200 Gramm Gewicht als „Broiler“ in den Markt kamen. Gegrillt erhielten sie die Kult-Bezeichnung „Goldbroiler“. In der „Broiler-Bar“ kamen sie mit einer

Kaffeemix

Was ist der Unterschied zwischen Jacobs Kaffee und Kaffeemix? – Jacobs ist die Krönung, Kaffeemix ist der Gipfel.

Würzung bestrichen unter den rotierenden Elektrogrill – ein neues kulinarisches Erlebnis für die DDR-Bewohner. Übrigens hat Fernsehkoch Kurt Drummer diese Geflügelzuchtwelle in der DDR mit seiner Parole „Nimm ein Ei mehr!" außerordentlich beflügelt.

Ende der 70er Jahre zeigte sich immer deutlicher, wie krank das sozialistische System der DDR schon war. Die große internationale Energiekrise 1978/79 belastete durch die enorm gestiegenen Weltmarktpreise ihren Devisenhaushalt über die Maßen, galt es doch aus politischen Gründen die Inlandspreise stabil zu halten. Vor allem die Preise für Grundnahrungsmittel blieben gleich, so dass zu diesem Zeitpunkt schon an die vierzig Prozent des Staatshaushaltes für Subventionen reserviert werden mussten. Die DDR-Bürger selbst merkten zu diesem Zeitpunkt noch gar nicht, wie marode ihr Land schon war. Man hatte sich mit dem System, so weit es ging, arrangiert, und versuchte in seinen Nischen zu leben. Im Verhältnis zur vorangegangenen Zeit war der Lebensstandard hoch, höher als in jedem anderen sozialistischen Land, wohin die DDR-Bürger ja jederzeit reisen konnten.

Die „kleinen Freiheiten"

Je größer die Vorbehalte der Bevölkerung gegen ihre Regierung wurden, ohne gegen deren Machtanspruch etwas ausrichten zu können, umso mehr zogen sich die Menschen innerlich in ihr privates Umfeld zurück. So gewannen Dinge an Bedeutung, die man glaubte, früher vernachlässigt zu haben. Bewegung und Gesundheit wurden im Zuge dieser Entwicklung beispielsweise auch zum Thema in der DDR-Bevölkerung – und dazu zählten Fitness und natürliche Ernährung, Kochen in der Familie wie für Freunde. Ein Kräuter-Kasten war auf dem Balkon

Goldbroiler – die besonders schweren, mit einer Würzmischung bestrichenen und gegrillten Hähnchen wurden zum Kult-Produkt

Kochen für die Familie oder für Freunde gewann mit steigenden Vorbehalten der Bevölkerung gegen die Regierung an Zuspruch

schnell angelegt, selbst gemachte Marmeladen, Säfte oder Sauergemüse standen hoch im Kurs. Neue Gemüse wie Brokkoli oder Auberginen, wie man sie aus dem Westfernsehen kannte, fanden gelegentlich auch ihren Weg zur HO oder in den Konsum, auf jeden Fall aber zum Delikat-Laden.

Der Umgang mit knappen Ressourcen hatte den Erfindungsgeist der Menschen angespornt, und wenn eine Mahlzeit bei beschränkt erhältlichen Zutaten dennoch gelang, so war dies ein viel größeres Erfolgserlebnis als angesichts der allgegenwärtigen Verfügbarkeit von Nahrungsmitteln und Getränken aus aller Herren Länder, wie es heute auch zum Standard in den Neuen Bundesländern ist.

Auf die Kochkultur bezogen, verdanken wir dem Osten Deutschlands den Umgang und die Erfahrungen mit der großen Palette der Rezepte aus den so unterschiedlichen Kulturkreisen Russlands, Ungarns, Bulgariens, Rumäniens und des Balkans. Hier hatten Gerichte wie z.B. Soljanka, Borschtsch, Stschi oder Buchteln tiefe Wurzeln geschlagen, ohne dass die traditionelle regionale Küche aus Mecklenburg, aus Vorpommern, aus Brandenburg, aus dem Spreewald, aus der Lausitz, aus Sachsen oder aus Thüringen dabei vergessen wurde. Eine Rückbesinnung auf die Küche in der DDR stellt eine Bereicherung des „gesamtdeutschen“ Lebens dar, die bisher längst noch nicht richtig ausgeschöpft ist.

Kundschaft drängt sich auf dem Naschmarkt in Leipzig um einen Verkaufsstand mit Gemüse. In der Mitte die Alte Handelsbörse und links das Alte Rathaus

Koch- und Landeskultur zwischen Elbe und Weser

Traditionelles und Modernes gingen in der DDR eine Symbiose eigener Art ein. Die DDR-Staatsführung unternahm von Anfang an große Anstrengungen, um ihren Machtanspruch in alle Bereiche des gesellschaftlichen Lebens hinein zu tragen. Zu den frühen Maßnahmen in dieser Richtung zählte die schon 1952 erfolgte Auflösung der Länder als Gebietskörperschaften, wie sie nach dem Krieg von allen Siegermächten im Zuständigkeitsbereich ihrer Besatzungszonen wieder eingeführt wurden. In der Sowjetischen Besatzungszone waren dies die Länder Mecklenburg-Vorpommern, Brandenburg, Sachsen-Anhalt, Thüringen und Sachsen, die übrigens nach der Wende in fast identischer Ausbreitung neu entstanden. Ost-Berlin nahm nach dem Besatzungsstatut der Alliierten Mächte einen Sonderstatus ein, den aber die DDR schon lange nicht mehr beachtete, und wurde nach der Wende mit West-Berlin zum neuen Bundesland Berlin zusammen gelegt.

Reformbrot

Honecker hat seinen Bäcker verhaften lassen. Er wollte ihm immer Reformbrot unterschieben.

Mit der Auflösung ihrer Länder wurde die DDR in vierzehn Bezirke unterteilt. Ost-Berlins Sonderstatus spielte als fünfzehnter Bezirk – wie gesagt – in der DDR fast keine Rolle mehr. Aus Mecklenburg-Vorpommern entstanden die Bezirke Rostock, Schwerin und Neubrandenburg, aus Brandenburg die Bezirke Potsdam, Frankfurt an der Oder und Cottbus, aus Sachsen-Anhalt die Bezirke Magdeburg und Halle, aus Thüringen die Bezirke Erfurt, Suhl und Gera und aus Sachsen die Bezirke Leipzig,

Dresden und Karl-Marx-Stadt (früher und heute wieder Chemnitz). Die Intention dieser geografischen Neugliederung der DDR war eindeutig – mit der Auflösung alter Ordnungsstrukturen konnten neue Ordnungsstrukturen eingesetzt werden, die ganz dem Willen der DDR-Staatsführung entsprachen. Da die alten Länder aber auf kulturhistorischen Wurzeln basierten, konnte man ihre Bewohner nicht so ohne weiteres aus ihrer landsmannschaftlichen Verbundenheit lösen. Dies galt in ganz besonderem Maße für die Kochkultur. Der Mecklenburger Rippenbraten kommt nun einmal nicht aus dem Bezirk Schwerin – genauso wenig wie der Christstollen aus dem Bezirk Dresden kommt. Diese landsmannschaftliche Kochtradition war und blieb Bestandteil des alltäglichen Lebens, so dass sich sogar der DDR-Fernsehkoch Kurt Drummer darauf stützen konnte.

Mecklenburg

Wie in allen anderen Teilen Deutschlands auch, spiegelt die Küche in Mecklenburg die Kulturgeschichte dieser Region wieder. Heute wie früher wechseln die landschaftlichen Schönheiten zwischen hügeligen Seenlandschaften mit großen Kiefernwäldern bis hin zur Küste mit ihren weißen Sandstränden. Dazwischen erstrecken sich ausgedehnte Heideflächen, weite Äcker und Wie-

Der Hafen von Saßnitz auf Rügen

Versorgungsengpass

Gab es auch selten Versorgungsengpässe an Grundnahrungsmitteln, so waren alle „besonderen" Produkte meist nur zu bestimmten Zeiten, und auch nicht überall gleichermaßen, erhältlich. Oft standen DDR-Bürger vor leeren Auslagen oder leeren Regalen.

Die Statistiken der Welternährungsorganisation (FAO – Food and Agriculture Organization) wiesen aus, dass die DDR zu den Staaten mit der höchsten Kalorienversorgung der Bevölkerung gehörte. Die rein mengenmäßige Versorgung der Bevölkerung war also gewährleistet – die DDR-Bevölkerung lebte gar durch den Genuss zu süßer und zu fetter Speisen und zu viel Alkohol eher ungesund. Dennoch gab es viele Engpässe in der Versorgung. Dies betraf nicht die Grundnahrungsmittel. Alles andere war aber nicht immer erhältlich. Wenn dann beispielsweise der begehrte Bautzener Senf wieder einmal im Regal war, gingen die DDR-Bürger sofort zu Hamsterkäufen über. Und wieder war das Regal leer. Und wenn dann Bohnenkaffee ins Regal kam, fehlte es an Kondensmilch. Und so weiter....

sen. Diese großen Landwirtschaftsflächen stellten den ganzen Reichtum der zahlreichen Güter dar, die hier im Lande zu finden waren. In den Herrenhäusern pflegte man einen feudalen Lebensstil, hielt viel von gutem Essen und Trinken. Selbst in den verschlafensten Nestern der Region findet man heute wieder eine gute Gastronomie. Die Natur bietet hierzu ja auch alles, was das Herz begehrt. Die Fische der See und der Seen, Rinder und Schweine, Wild und Geflügel und viel Gemüse decken den mecklenburgischen Tisch. Aber natürlich konnten sich die armen Mecklenburger, die viel zahlreicher waren als ihre Herren, das meiste davon nicht leisten. Aber ihre Art der Speisenzubereitung hat in verfeinerter Form gleichermaßen Einzug in unsere Speisekarten gefunden. Dazu zählt beispielsweise der Mecklenburger Rippenbraten, ein nicht gerade üppiges Fleischstück, das mit seiner süßen Variante ein Festessen darstellt. Überhaupt wird in der Mecklenburger Küche viel mit Obst und Kompott gearbeitet – insgesamt eine norddeutsche Küchenusance. Doch mit preiswertem Obst, über das man meist sogar aus seinem Garten selbst verfügte, ließen sich auch Speisen „verlängern“, um dann mit weniger Fleisch auszukommen. Besonders zugetan sind die Mecklenburger den Backpflaumen. Die so geschätzten Plummen kommen in die salzige und die süße Graupensuppe als Einlage, in die Linsensuppe, werden zu geschmortem Rindfleisch und Schweinebraten serviert oder ganz einfach als Plumm und Tüffeln (Pflaumen und Kartoffeln) mit Speck gekocht als Eintopf auf den Tisch gebracht. Wismar und Rostock, die großen mecklenburgischen Hansestädte an der Ostsee, wurden durch den Heringsfang reich. Sie exportierten gesalzene Heringe, damals die einzige Möglichkeit der Konservierung, nach Skandinavien, nach Osteuropa und in das Deutsche Reich. Die lange Tradition der mecklenburgischen Heringsgerichte geht auf diese mehrhundertjährige Geschichte der Hanse an der Ostsee zurück.

Vorpommern

Wie in Mecklenburg wanderten nach dem Abzug ostgermanischer Stämme aus Pommern bis zum 6./7. Jahrhundert slawische Stämme in die Region ein, die sie Pomorje (polnisch = Küstenland) nannten. Die Christianisierung ging im 12. Jahrhundert vom Bistum Bamberg aus, in deren Folge die Eindeutschung erfolgte. Im 15. und 16. Jahrhundert wurde das Gebiet zum kriegerischen Austragungsort schwedischer und dänischer Großmachtsgelüste. "Maikäfer flieg, der Vater ist im Krieg, die Mutter ist im Pommernland, Pommernland ist abgebrannt..." Dieser Kinderreim schildert am einprägsamsten das Leiden Pommerns im Dreißigjährigen Krieg, als dessen Folge Vorpommern für anderthalb Jahrhunderte Schweden zugesprochen wurde, bis es 1815 endgültig zu Preußen kam.

Aber nicht nur durch die Geschichte, sondern auch durch die Küche Pommerns zieht sich eine Blutspur. Angesichts der vielen Gänse, die in diesem Landstrich gezogen werden, steht hier das „Gänseschwarzsauer“ im Vordergrund. Dazu kommen noch mit Blut angereicherte, sozusagen verfeinerte Klöße, Würste und Saucen, die durch Zucker und Spezereien noch schmackhafter gemacht werden. Dieser Hang zur süßen Küche, der sich durch ganz Norddeutschland zieht, hat durch die schwedische Besetzung noch eine Intensivierung erfahren – während die Norddeutschen bei herzhaften Gerichten den Zucker wie ein Gewürz verwenden, häufen

Versorgungsengpass

Der Lehrer: "Liebe Schüler, wir wollen in unserer Schule den Wilhelm Tell aufführen." "Und woher kriegen wir den Apfel?"

Eines von vielen Rapsfeldern in Vorpommern mit einer der für die fruchtbare Landschaft typischen Mühlen

ihn die Schweden gleich pfundweise drauf. Und um Lebensmittel über Winter haltbar zu machen, wurde hier besonders viel geräuchert – nicht nur Fische, sondern auch Gänse und Würste. Aus dem Land stammen viele feine und grobe geräucherte Mettwürste, z. B. die Rügenwalder Teewurst.

Doch prägend für Pommern ist neben seiner Fischküche vor allem das Geschnatter seiner Gänse. Ihr Lebenslauf endet in einer Vielzahl von Gerichten. Die pommerschen Gänse kommen nämlich nicht nur als knuspriger Braten auf den Tisch, sondern werden vollkommen ausgeschlachtet. Aus der gepökelten und geräucherten Gänsebrust wird die berühmte pommersche Gänsespickbrust gezaubert. Die Keulen werden entweder gepökelt und als Einlage in Teltower Rübchen oder in weiße Bohnen gekocht oder zu Gänseweißsauer, einer Art Gänsesülze, verarbeitet. Aus dem Gänseklein, dem Gänseblut und Backobst entsteht das schon erwähnte Gänseschwarzsauer, eine Delikatesse für jeden, der diese Art der Zubereitung zu schätzen weiß. Den fein gehackten rohen Gänseflomen, mit winzigen Zwiebelwürfeln vermischt, streicht man als würzigen, so genannten Pommerschen Kaviar als Aufschnitt aufs Brot, wenn er nicht zu Gänseschmalz ausgebraten wird. Und gefüllt werden die Gänse auch – versteht sich zu allererst mit Pflaumen – wie in Mecklenburg – und mit Äpfeln und Semmelbröseln.

Fischfang an den Küsten der DDR sorgte nicht nur im „Gastmahl des Meeres" für eine Bereicherung des Küchenzettels

Pommern erstreckt sich zwischen der Halbinsel Darß-Zingst entlang der Ostsee bis zum Zarnowitzer See im Osten - die untere Oder trennt Vorpommern als westlichen Teil des Gebietes ab. Die Grenze zu Mecklenburg und zur Mark Brandenburg lässt sich nicht landschaftlich ziehen, sondern ist historisch begründet. Geprägt von der Eiszeit bestimmen Grundmoränen, Endmoränen, Sanderflächen und Urstromtäler, in die eine Vielzahl größerer und kleinerer Seen eingebettet sind, das Erscheinungsbild. Die Grundmoränenflächen dienen dabei vor allem dem Kartoffel- und Getreideanbau, die sandigen Endmoränen sind mit Wald bedeckt. Und wenn hier im Sommer der Raps blüht, ist alles in klares, sattes Gelb gehüllt. Die Bodden, die durch Eindringen des Meeres in die eiszeitlichen Küstenmoränen entstanden, sind besonders kennzeichnend für die westpommersche Küste. Bodden ist vom niederdeutschen Wort Boddem für "Meeresboden" abgeleitet und beschreibt eine seichte, unregelmäßig geformte Bucht mit enger Öffnung zum Meer. Durch die Brandung wird die Westküste Vorpommerns jährlich um einen halben Meter zurückverlegt. Die wunderschöne Boddenlandschaft ist ein Refugium für Wasservögel und ein Ruheplatz für durchziehende Vogelschwärme, die sich hier – wie vor allem die Kraniche – vor dem Weiterflug noch einmal tüchtig satt fressen. Und in das Brackwasser der Boddenlandschaft dringen sogar Hechte vor, so dass sie als „Ostseehechte" auf der Speisekarte landen!

Wirtschaftlich wichtigster Ort auf Rügen ist Sassnitz, einst ein kleiner Fischerort, der sich im 19. Jahrhundert zu einem mondänen Badeort wandelte. Besonders wichtig war die in Sassnitz stationierte Hochsee-Fischfangflotte, die die DDR mit frischem Ostseefisch belieferte und die Rohware für die Fisch verarbeitende Industrie des Ortes anlandete – die Fangschiffe der DDR fuhren nicht nur in den Nordatlantik, sondern waren auch im Südatlantik bis in die Antarktis anzutreffen. So spielte Sassnitz eine herausragende Rolle für die Fischversorgung der DDR-Bevölkerung.

Berlin und die Mark Brandenburg

Nach dem Willen Friedrich des Großen, dem „Alter Fritz“ genannten König von Preußen, sollte jeder nach seiner Façon in seinem Lande glücklich werden. Berlin als Mittelpunkt der Mark Brandenburg und späteren Hauptstadt Deutschlands war tatsächlich in seiner relativ kurzen Geschichte ein Auffangbecken für Vertriebene, Flüchtlinge und Zugewanderte, die alle hier ihr Glück versuchen wollten – Hugenotten aus der Zeit der französischen Religionskriege, Weber aus Schlesien, Tagelöhner aus dem Osten, Handwerker aus Holland und neuerdings hat es vor allem Türken nach Berlin gezogen. Sie alle haben ihre Spuren in der Berliner Küche hinterlassen. So ist die berühmteste Berliner Kugel eine Boulette (frz. boule = Kugel), ein gebratener Fleischklops, der gerne in einer der vielen Berliner Eckkneipen aus der Lameng (frz. la main = die Hand) mit einer Schrippe (= Brötchen) gegessen wird. Genauso offensichtlich ist die französische Herkunft des berühmten Berliner Hühnerfrikassee. Die Schlesier brachten den Streuselkuchen und Mohnpielen mit, Karpfen in Biersauce stammt wahrscheinlich von Juden, die aus Galizien zuwanderten. Gänsebraten und Gänsesülze stammen aus Pommern und die Königsberger Klopse haben in Berliner Kochtöpfen den letzten Krieg überdauert. Der Alt-Berliner Hefenapfkuchen ist böhmischen Ursprungs – und das Kasseler Rippenspeer kommt nicht aus Kassel, sondern wurde vom Schlachtermeister Cassel in seinem Laden in der Potsdamer Straße 15 in letzter Vollkommenheit geräuchert und gepökelt.

Die Mark Brandenburg, das Umland Berlins, bietet einen unerschöpflichen Reichtum an verschiedensten Früchten und Gemüsen

Die bodenständige Küche Berlins hat also viele Ursprünge. Aber vor allem wurde in Berlin immer einfach und sparsam gekocht – auch dafür hatte der Alte Fritz schon gesorgt, indem er den Kartoffelanbau in der Mark Brandenburg förderte und so Kartoffeln zur Lieblingsspeise der Berliner machte, egal ob gequetscht, als Puffer oder mit Stippe. Aber Eisbein, Kohlrouladen und Erbsensuppe mögen sie genauso gerne. Doch was wäre die Berliner Küche ohne ihr Umland, ohne all das, was die Mark Brandenburg mit ihren Wäldern, sandigen Böden und Seen erzeugt. Schon Fontane schwärmte in seinen „Wanderungen durch die Mark Brandenburg“ von Artischocken und Spargel, von Erdbeeren und Kirschen, von Rebhühnern und Wachteln und von Aal, Zander, Hecht und Schleie aus der Havel und der Spree. In den Gewässern gab es auch viele Flusskrebse, die bis zur Zeit des Er-

Bei Ausflüglern und Urlaubern beliebt wie eh und je: Kahnfahrten durch den Spreewald

sten Weltkrieges häufig auf Speisekarten zu finden waren. Und natürlich nicht zu vergessen die Teltower Rübchen, jene kleinen, schmackhaften weißen Rüben, deren Anbau sich früher auf die Umgebung von Teltow im Südwesten von Berlin konzentrierte, die geschabt und gedünstet und glasiert zu einer wahren Delikatesse werden.

Lausitz

Die Bezeichnung der Lausitz leitet sich von dem sorbischen Wort Luzica (=Sumpfland) ab. Gemeint ist das Land um die Lausitzer Neiße und die obere Spree, das die historischen Markgrafschaften der Niederlausitz im Norden und der Oberlausitz im Süden umfasst. Etwa 50 000 Menschen in der Lausitz sind sorbischer Abstammung. Es sind die Nachfahren der westslawischen Stämme der Lusizen und Milzener, die die mittelalterliche Eindeutschung überdauerten und sogar ihre sprachliche und kulturelle Identität bis in die Neuzeit bewahren konnten. Cottbus ist das Zentrum der Niederlausitz. Bautzen ist sorbisches Kulturzentrum mit vielen Institutionen zum Erhalt und zur Erforschung der sorbischen Volkskultur, hat aber zu DDR-Zeiten traurige Berühmtheit durch die Strafanstalt erlangt, in der vornehmlich "Republikflüchtlinge" bis zum Auskauf durch den Westen einsaßen.

Bis auf den bergigen Süden gehört die Lausitz dem Tiefland an, in dem breite und Überschwemmungen ausgesetzte Niederungen der Urstromtäler, wie etwa der Spreewald mit flachen Flugsandheiden, und aus eiszeitlichen Ablagerungen aufgebauten Höhenzüge, wie etwa der Fläming, miteinander abwechseln.

Der Spreewald bietet ein ganz außergewöhnliches Landschaftsbild. Die Spree entspringt im Lausitzer Bergland und ist mit einer Gesamtlänge von 382 Kilometern bedeutendster Nebenfluss der Havel. Sie fließt über Bautzen, Spremberg sowie Cottbus und spaltet sich im Spreewald in zahlreiche Arme auf. Hier im Glogau-Baruther Urstromtal bildet sie ein Gewirr von schmalen Wasseradern. Das geringe Gefälle der Spree in diesem Bereich und die Verengung des Tales nördlich von Lübben bedingen eine Erhöhung des Grundwasserspiegels mit der Folge regelmäßiger Überschwemmungen, die nur langsam abfließen und zur Vermoorung des Gesamtgebietes beigetragen haben – deshalb ist die vorherrschende Vegetationsform der Erlenbruchwald. Die hochwasserfreien Talsande und Spreeschwemmkegel sind lange besiedeltes Land, wohingegen die Niederungen erst seit dem 18. Jahrhundert im Rahmen beginnender Meliorationsarbeiten bewohnt wurden. Heute prägt intensiver Gemüseanbau, vor allem mit Gurken und Zwiebeln, die Landwirtschaft der Region, und natürlich gewinnt der Tourismus zunehmend an wirtschaftlicher Bedeutung – Verkehrsmittel

Spreewälder Gurken, nach Originalrezept eingelegt, erfreuen sich nach wie vor größter Beliebtheit

im Spreewald ist nach wie vor der Kahn, der längst auch im Fremdenverkehr eingesetzt wird.

Zwischen Altmark und Harz

Zwischen Altmark und Harz erstreckt sich das Bundesland Sachsen-Anhalt, einst hervorgegangen aus der preußischen Provinz Sachsen und zu DDR-Zeiten in die Bezirke Magdeburg und Halle unterteilt. Landschaftliche Kernräume Sachsen-Anhalts sind die Altmark, die Magdeburger Börde, der Ostteil des Harzes sowie der Westteil des Hohen Flämings.

Die Altmark ist altes Bauernland, das der Chronist Christoph Entzelt 1579 als "ein reich kornlandt mit schöner vihezucht" beschrieb. Im flachen Norden, in Angrenzung an das benachbarte Wendland, ziehen sich Salzstöcke in der Erde entlang, auf die der Ortsname Salzwedel unmittelbar hinweist. Salzwedel ist nicht nur durch seine Baumkuchen berühmt, sondern durch seinen Altstadtkern aus Fachwerkhäusern mit dem spätgotischen Rathaus und der wuchtigen Marienkirche, umgeben von großenteils noch erhaltenen mittelalterlichen Festungsanlagen. Stendal ist die "Hauptstadt" der Altmark und war einst ihr wirtschaftliches Zentrum. Doch die Stadt verarmte nach dem Dreißigjährigen Krieg – die vielen historischen Backsteinbauten Stendals künden aber noch vom vormaligen Reichtum der Stadt.

Die Magdeburger Börde erstreckt sich über eine Fläche von fast 1000 Quadratkilometern. Sie ist das intensivste Ackerbaugebiet Deutschlands, das im Osten und Norden durch Saale, Elbe und Ohre, sowie im Westen und Süden durch Aller und Bode begrenzt wird. Ihr eiszeitlich gebildeter Untergrund ist mit einer dicken Lößschicht, die sich im Laufe der Zeit aufgrund der relativen Niederschlagsarmut in der Börde zu Schwarzerde gewandelt hat, bedeckt. Die sehr fruchtbaren Böden der Börde, mit der höchsten Bodenqualität ganz Deutschlands, werden insbesondere für Zuckerrüben- und Weizenanbau genutzt.

Das prägnanteste der norddeutschen Mittelgebirge, der Harz, verdankt seine Namensgebung der mittel-

Die fruchtbare Magdeburger Börde bietet die höchste Bodenqualität Deutschlands

Erichs Krönung

Beim Kaffeekränzchen mit hohen Würdenträgern der DDR wurde im FDGB-Erholungsheim „Warenshof" an der Müritz zum „Stickchen Guchen" ein „Scheelchen Heeßer" gereicht

Die DDR litt von Anfang an unter Devisenproblemen. Ihre Produkte waren nun einmal gegen Devisen am Weltmarkt kaum abzusetzen. Als dann seit den 70er Jahren die Welt-Rohstoffpreise kräftig stiegen, wuchsen die wirtschaftlichen Probleme des Landes, die dann in den 80er Jahren auch ihren Niedergang herbeiführten.

Besonders schmerzlich war der Anstieg der Kaffeepreise am Weltmarkt seit 1977. Aus politischen Gründen traute sich die Staatsführung nicht, die Einzelhandelsverkaufspreise für Kaffee anzuheben. So wurden Betriebe und Gaststätten angewiesen, weniger Kaffeepulver pro Tasse zu verwenden. Die preiswertere Kaffeesorte „Kosta" verschwand aus den Regalen der HO. Dafür gab es die neue Kaffeemarke „Kaffee-Mix", eine Pulver-Mischung, die zur Hälfte aus Getreidesurrogaten bestand, nicht nach Kaffee schmecken wollte und die Kaffeemaschine „Kaffeboy" zum Zerbersten brachte. Erst als man den Anteil der Surrogate senkte und anstelle des Roggens mehr Gerste, Zichorie und geröstete Zuckerrüben verwendete, blieben wenigstens die Kaffeeautomaten heil. Doch am Geschmack änderte das wenig, so dass dieses neue Produkt, im Volksmund als „Erichs Krönung" bezeichnet, weiterhin auf Ablehnung stieß.

Seit den 70er Jahren ist Mocca-Fix, ein gemahlener und luftdicht verpackter Kaffee, im Angebot

hochdeutschen Bezeichnung hart für "Wald". "Die Härzer meinet, dat Flas wösse up'n Böämen", sagt ein plattdeutsches Sprichwort von den Harzern, die meinen, dass der Flachs auf den Bäumen wächst. Damit verspotteten die Leute von den wohlhabenden, fruchtbaren Südhängen des Harzes die Unkenntnis der Oberharzer von der Landwirtschaft - dadurch, dass der Harz das am weitesten in die nordwestdeutsche Tiefebene vorgeschobene Mittelgebirge ist, erhält er durch seine exponierte Lage besonders viele Niederschläge, weshalb in seinen Höhenlagen praktisch kein Ackerbau mehr möglich ist. Die landwirtschaftliche Betätigung konzentriert sich hier ganz auf die Tierzucht, der wir den Harzer Roller, jenen gelblichen, in Rollen verpackten würzigen Handkäse aus Sauermilch, und die Harzer Schmorwurst, eine geräucherte und mit Kümmel gewürzte Brühwurst aus Schweinefleisch und Speck, verdanken. Je weiter man nach Osten in den Unterharz vordringt werden auch die Böden besser, und Ackerfluren durchsetzen die Wald- und Wiesenlandschaft.

Thüringen

Das bekannteste Produkt der Küche Thüringens ist seine Rostbratwurst, auch kurz Thüringer genannt. Es ist eine saftige, lockere Bratwurst mit guter Bindung, im Übrigen 1613 erstmals urkundlich erwähnt. Die grobe Füllung besteht aus Schulter- und Nackenfleisch vom Kalb und aus Schweinefleisch. Am besten schmecken diese Würstchen, wenn sie über Tannenzweigen, Kiefernzapfen oder Holzkohle geröstet werden. Doch die Thüringer Küche bekennt sich vor allem auch zum Kartoffelkloß – hergestellt aus geriebenen rohen Kartoffeln. Von den Thüringer Klößen, die als gastronomisches Symbol des Landes gelten können, gibt es zahlreiche lokale Varianten. Sie schmecken ausgezeichnet zum Gänsebraten, zum Sauerbraten, zum Topfbraten und zu Wildgerichten, zu denen vor allem auch heimische Beeren gereicht werden.

Beide südlichen Länder der ehemaligen DDR – Thüringen wie Sachsen – sind für ihre hervorragende Küche berühmt, vor allem aber auch für ihre herzhaften wie auch süßen Kuchenvariationen, wozu die Zwiebelkuchen, die Quarkkuchen mit Obst oder etwa auch die großen Blechkuchen zählen.

Ein dichtes Netz an gut ausgebauten Wanderwegen hat den Rennsteig im Thüringer Wald zu einem beliebten Ferienziel gemacht

So vielfältig die Thüringer Küche ist, genauso vielfältig ist auch die Thüringer Landschaft, der die vielen Spezialitäten des Landes entstammen.

Das Land wird auch gerne als das "grüne Herz" Deutschlands bezeichnet. Es ist geografisch nicht streng abgrenzbar, umfasst aber im Kern den waldreichen Thüringer Wald und das fruchtbare Thüringer Becken. Im Westen reicht das Land bis an die Werra und bezieht das Obere Eichsfeld mit ein, im Südosten sogar bis über die Saale hinaus.

Reizvoll ist der Thüringer Wald, auf dessen Kamm der 168 Kilometer lange Rennsteig als berühmtester Wanderweg Deutschlands verläuft. Ganz im Gegensatz zu den mit weiten Nadelforsten bedeckten Thüringer Wald steht das Thüringer Becken, das sich bis zu den Harzausläufern erstreckt. Von Nordwesten nach Südosten wird es von einer Abfolge von Höhenzügen wie auch von Hochflächen (Eichsfeld, Dün, Hainleite, Schmücke, Finne, Hainich, Hörselberg, Seeberge, Gleichen, Ettersberg, Steiger) durchzogen. Das Innere des Beckens ist ein flaches, von Löß überdecktes Hügelland, dessen Schwarzerdeböden zu den ertragreichsten Deutschlands zählen. Hier werden Getreide und Zuckerrüben angebaut, und um Erfurt konzentrieren sich Gemüse- und Saatzuchtkulturen. Einzig der geringe durchschnittliche Niederschlag von weniger als 500 Millimetern jährlich bringt gelegentliche Beeinträchtigungen.

Sachsen

Im Gegensatz zu Thüringen, in dem die Kleinstaaterei Blüten trieb, war Sachsen in seiner Geschichte ein politisch viel geschlosseneres Land. Insofern hat hier die hochherrschaftliche Küche auch größeren Einfluss gehabt. Aber für das Volk spielten neben Suppen und Saucen vor allem die Kartoffeln eine große Rolle. Im sächsischen Voigtland wurden erstmals Kartoffeln feldmäßig angebaut – längst bevor der Alte Fritz diese in Brandenburg eingeführt haben soll.

Sachsen ist berühmt für seine Kartoffelsuppen, Kartoffelsalate, Kartoffelpuffer, Quarkkeulchen oder Buttermilchgetzen. Aber auch Gemüse, auf einfache und auf höchst kulinarische Weise zubereitet, wie etwa beim Leipziger Allerlei, kommen häufig auf den Tisch. Und nicht zu vergessen die sächsischen Kuchen. Der Sachse liebt die „süße Küche", deren bestes Beispiel der Stollen ist. Dazu zählen Quarkkuchen, Eierschecke und Bienenstich. Und ganz wichtig ist das Eindidschen des hart gewordenen Zuckerkuchens in den Kaffee. „Kaffeesachsen" werden die Sachsen daher auch gerne genannt. Aber ihr Scheelchen Heeßen lassen sie sich nicht nehmen – „gee Scheelchen Heeßen ohne ä Stickchen Guchen". So verwundert es auch nicht, dass in Sachsen im Jahre 1694 vom Kaffeesieder Lehmann das erste deutsche Kaffeehaus eröffnet wurde – es war der „Coffe Baum" in Leipzig.

Zwischen Dresden und Meißen erstrecken sich die Weinberge an der Sächsischen Weinstraße.

Sachsen ist nicht nur berühmt für seinen Kartoffelreichtum, sondern auch für den Gemüseanbau

Die Weinbaugebiete von Saale-Unstrut und Sachsen

Bei den ostdeutschen Weinbaugebieten an Saale und Unstrut sowie an der Elbe handelt es sich um zwei kleinere, bei dem sächsischen sogar um das kleinste deutsche Weinbaugebiet im wiedervereinigten Deutschland – im Übrigen sind es auch die nördlichsten Anbaugebiete der Bundesrepublik. Die ostdeutschen Weinberge erstrecken sich an der Saale von Jena-Zwätzen über Dornburg, Kaatschen, Bad Kösen, Naumburg, Gosen bis Burgwerbern, an der Unstrut von Nebra über Steigra, Karsdorf, Dorndorf, Freyburg bis Großjena an der Mündung in die Saale. Dazu kommen Rebflächen an der Ilm von Bad Sulza bis Großheringen und an der Salza vom Süßen See bis über Höhnstedt bis Langenbogen. In Sachsen ziehen sich die Weinhänge von Pillnitz südlich von Dresden etwa 50 Kilometer flussabwärts an der Elbe bis

Seußlitz entlang. Dazu kommen kleinere Parzellen bei Wittenberg und Ostritz.

40 % der ostdeutschen Rebflächen werden in terrassierten Hanglagen kultiviert

Die Böden an Saale und Unstrut bestehen vorwiegend aus Muschelkalk, daneben kommen Mergel, Tonschiefer und Verwitterungsböden aus Buntsandstein vor. An der Elbe bestehen die Böden aus Löß, Kies, Lehm und Sand. Die mittlere Jahrestemperatur ist in den ostdeutschen Weinbaugebieten mit über 9° Celsius relativ hoch, an die 1600 Sonnenstunden pro Jahr erwärmen die Rebhänge. Die Niederschlagsmengen machen 500 bis 700 Millimeter jährlich aus. An diesen Daten wird der Einfluss des kontinentalen Klimas im Osten Deutschlands deutlich, der sich in gefährlichen Spätfrösten und gelegentlich extrem niedrigen Wintertemperaturen zeigt. Um diese Frostschäden zu minimieren werden die Reben überwiegend in terrassierten Hanglagen kultiviert. Insgesamt sind etwa 40 Prozent der ostdeutschen Rebflächen terrassiert. Ganz typisch für die ostdeutsche Weinlandschaft sind vor allem in diesen Terrassengebieten die Weinberghäuser, die den Winzern zur Aufbewahrung ihrer Gerätschaften und oft auch zum Keltern dienen. Viele dieser teilweise sogar zweistöckigen Häuser stammen noch aus der so genannten Zeit der "Halbberge", als der Winzer die Hälfte seines Ertrages an den Weinbergbesitzer abliefern musste.

Weinkeller der Winzervereinigung Freyburg/ Unstrut

Während der Weinbau in Westdeutschland überwiegend römische Wurzeln hat, folgte der ostdeutsche Weinbau der mittelalterlichen Ausdehnung des Christentums nach Osten und erreichte zwischen dem 10. und 11. Jahrhundert große Teile Thüringens. Im heutigen Anbaugebiet Saale-Unstrut datiert der erste urkundliche Beleg über die Existenz von Weinbergen auf das Jahr 998 aus einer Schenkung Kaiser Otto III. an das Kloster Memleben: Mit Beginn des 12. Jahrhunderts war das Kloster Kösen entscheidend an der Ausbreitung des Weinbaus beteiligt. Der im Jahre 1154 in der Nähe von Bad Kösen angelegte "Pfortenser Köppelberg" ist hier der älteste noch bewirtschaftete Weinberg.

In Sachsen begann die Entwicklung des Weinbaus später. Die erste urkundliche Erwähnung datiert auf das Jahr 1161. Sowohl an Saale und Unstrut als auch in Sachsen breitete sich der Weinbau im weiteren Verlauf des Mittelalters rasch aus und entwickelte sich zu einem wichtigen Wirtschaftsfaktor. Die Anbaufläche erreichte einen Umfang von über 15000 Hektar – heute sind es noch an die 500 Hektar! Bauernkriege, der Dreißigjährige Krieg und die Verschlechterung der klimatischen Bedingungen sowie der Niedergang der Klosterkultur führten auch in Ostdeutschland zu einem nachhaltigen Rückgang des Weinbaus. Mit der Säkularisierung gingen auch im heutigen Ostdeutschland die klösterlichen Weinberge in adeligen und bürgerlichen Besitz über. Im Jahre 1799 wurde in Meißen die "Sächsische Weinbaugesellschaft" gegründet, deren Verdienst es war, im Jahre 1811 die erste europäische Winzerschule gegründet zu haben. Trotz aller Bemühungen um den Weinbau an Saale, Unstrut und Elbe kam er hier dann mit dem Auftreten der Reblaus fast zum Erliegen. Nach dem Zweiten Weltkrieg wurden die Reste des ostdeutschen Weinbaus in die Planwirtschaft der DDR integriert. Seit 1963 begann man wieder mit Neuanpflanzungen. Vor allem aber erweiterten Feierabendwinzer wieder die Rebflächen in Ostdeutschland. Doch harte Winterfröste in den 80er Jahren des 20. Jahrhunderts ließen große Teile der Rebstöcke erfrieren. Mit der Wende kam es zur Reprivatisierung der ostdeutschen Weinberge. Diesen Neuanfang nutzten die neuen deutschen Rebflächenbesitzer, um ihre Weine auf qualitativ hohem Niveau im Markt zu platzieren.

An den Kalkhängen des Weinanbaugebietes der Unstrut gedeihen vor allem Müller-Thurgau und Silvaner

Der größte Teil des Weinbaugebietes Saale-Unstrut liegt im südlichen Sachsen-Anhalt. Insgesamt umfasst dieser Teil des Gebietes den Bereich „Schloss Neuenburg" mit Flächen an Saale, Unstrut umd Ilm, der in die Großlagen Kelterberg (am Süßen See) Schweigenberg, Blütengrund und Göttersitz unterteilt ist. Dazu kommen die Großlage „Thüringen" (bei Großheringen und Bad Sulza) sowie die Lage "Wachtelberg" auf 52°23' nördlicher Breite in Werder an der Havel – dem einzigen Wein aus Brandenburg. Hier in Werder an der Havel im Bundesland Brandenburg hat der Weinbau Tradition – vor fast 700 Jahren brachten Zisterziensermönche den Wein hierher. Traditionell trocken ausgebaute Weine von hoher Qualität mit gebietstypischer Säure und feinwürzigem Bukett sind das Markenzeichen des Weinbaugebietes an Saale und Unstrut. Rund 20 Rebsorten laden zum Probieren und Vergleichen ein. Hauptsorte ist der Müller-Thurgau, der Dank des geringen Ertrages dort erstaunliche Feinheiten birgt. Danach folgt der Silvaner. Besonders stolz sind die Winzer von Saale und Unstrut auf ihren Weißburgunder, der die fraglos besten Weine der Gegend bringt. Neben den Klassikern des Anbaugebietes bereichern aber auch Raritäten wie Hölder, Andre oder Zweigelt das Angebot für Weingenießer. Der Besucher muss allerdings frühzeitig zugreifen, denn die heimischen Tropfen sind immer schnell ausverkauft. An Saale und Unstrut wird übrigens ein großer Teil der Ernte über die Winzervereinigung Freyburg und das Landesweingut Naumburg vermarktet.

In Sachsen gibt es die beiden Bereiche „Meißen" mit den Großlagen

Typisch für die Weinanbaugebiete Ostdeutschlands sind die Weinberghäuser, in denen die Winzer ihre Gerätschaften lagerten und die auch zum Keltern dienten

Schlossweinberg, Spaargebirge, Lössnitz sowie Elbhänge und „Elstertal". Die Hauptsorte in Sachsen ist der Müller-Thurgau. In den letzten Jahren haben jedoch Rebsorten wie Riesling und Weißburgunder an Bedeutung gewonnen und bringen fraglos sehr gute Tropfen hervor. Eine sächsische Besonderheit ist der Goldriesling, der sich sonst nirgendwo in Deutschland findet. In Sachsen wird ein großer Teil der Weine über die Sächsische Winzergenossenschaft Meißen sowie über das Landesweingut Radebeul vermarktet. Es gibt aber auch eine Reihe privater selbstvermarktender Weingüter in Ostdeutschland.

Osterhohlkörper und Jahresendfigur

Viele der bereits in der ehemaligen DDR begehrten Süßwaren sind mit leicht veränderter Rezeptur und Verpackung immer noch erhältlich und erfreuen sich neuer Beliebtheit

Die „DDR-Sprache“ trieb Blüten – so wurden beispielsweise Jahresendfiguren mit und ohne Flügel angeboten. Es handelte sich dabei um so genannte „Schokoladenhohlkörper“. Gemeint waren Weihnachtsmänner und Weihnachtsengel aus Schokolade. So weit – so gut. Nur mit der Weltkakaokrise Ende der 70er Jahre wurde der Kakao-Anteil dieser Hohlkörper immer geringer. So, wie man beim Kaffee Surrogate beifügte, erhöhte man den Saccharose-Anteil. Dazu kam Akomal, ein speziell für Schokoladenwaren entwickeltes Fett, das Kakaofett ersetzte. Insgesamt führte die Entwicklung dazu, dass der Vollmilch-Nuss-Schokolade leider der Nussgeschmack abhanden gekommen war, oder dass Schokoladenwaffeln immer mehr Gebäcksplitter enthielten. Und so schmeckten die einst so beliebten Schokoladen und Pralinen, die unter der Marke „Rotstern“ erhältlich waren, immer weniger nach Kakao. Solche Produkte mit reduziertem Kakao-Anteil konnte man weiterhin den Regalen der HO und des Konsum entnehmen, Produkte mit dem höheren Kakao-Anteil nach der klassischen Rezeptur wanderten in die Delikat-Geschäfte zu entsprechend höheren Preisen ab.

Übrigens: Schokoladen-Osterhasen hießen „Osterhohlkörper“.

Osterhohlkörper und Jahresendfiguren wurden lange Zeit noch in Handarbeit hergestellt

DDR-Glossar

AKA Elektrik
„In jedem Haus zu Hause" war der Spruch der Vereinigten Volkseigenen Betriebe Elektrische Konsumgüter, deren Haushaltsgeräte in fast jeder Wohnung anzutreffen waren.

Amitté
Hochpreisiger echter Weinbrand des VEB Nordbrand Nordhausen – kein Verschnitt.

Antiimperialistischer Schutzwall
Offizielle DDR-Bezeichnung für die „Mauer", die seit dem 13. August 1961 die Staatsgrenze der DDR zum Westen abschottete. Damit war der Bevölkerung der DDR auch die Möglichkeit der „Zusatzversorgung" aus dem Westen genommen worden.

Aromatique
Beliebter Kräuterlikör des VEB Neudietendorf, der erst sehr spät verstaatlicht wurde und fast nur im Bezirk Erfurt ständig erhältlich war. Diese Likörmarke ist ein Musterbeispiel dafür, wie Produkte aus der DDR auch den Übergang in die Marktwirtschaft bewältigt haben.

Asco Cola
Neben Club Cola ein weiteres Kolagetränk, eher in den nördlichen Bezirken anzutreffen – für viele zu süß und zu kohlensäurearm.

Aubi
Alkoholfreies Autofahrerbier, schmeckte nicht, so dass die Produktion wieder eingestellt wurde.

Babysan
Vollmilchpulver des VEB Dauermilchwerke Stendal und Genthin als ergänzende Flaschennahrung für Kleinkinder ab dem vierten Lebensmonat.

Ballenstedter
Wurstkonserven aus dem Harz, die ausschließlich für Delikat-Geschäfte produziert wurden.

Bambina
Mit gerösteten Haselnusssplittern und Milchkaramellcreme gefüllte Kinderschokolade des VEB Rotstern, ein begehrtes Produkt, das heute wieder erhältlich ist.

Bärenblut
Lieblicher Bulgarischer Rotwein, der in der DDR abgefüllt wurde und ganz den Geschmacksvorstellungen in der damaligen DDR entsprach und deshalb gerne getrunken wurde.

Beim Mauerbau 1961 wurde sogar die Eingangstür einer Fleischerei in Berlin zugemauert.

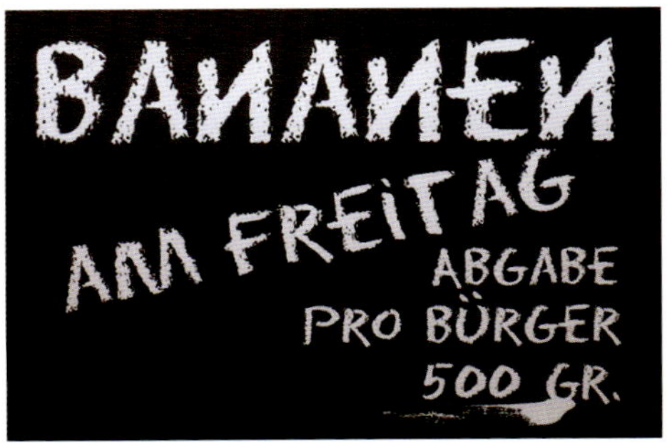

Kalenderfrüchte Bananen

Bananen
„Ausgerechnet Bananen" – ein Problemprodukt der DDR, wurde selten, in zu kleinen Mengen und oft schon verdorben angeboten.

Bautzener Senf
Beliebter würziger scharfer Senf. Ist heute als Bautz'ner Senf (als „Westprodukt") wieder im Handel.

Bedarfslücke
Umschreibung von Versorgungsmängeln in der DDR.

Behelfsetikett
Umschreibung der einfachen Ersatzetiketten auf Lebensmitteln (und anderen DDR-Waren) im umgangssprachlichen „DDR-Deutsch" bei Engpässen in der Etikettenproduktion.

Berliner Weiße
Schankbier des VEB Getränkekombinat Berlin, hauptsächlich für den Export bestimmt.

Bero und Bero instant
Bohnenkaffee des VEB Berliner Kafferösterei, auch als löslicher Kaffee angeboten, der aber geschmacklich nicht mit Nescafé, den sich DDR-Bürger gerne von ihrer Westverwandtschaft schicken ließen, mithalten konnte.

Bevölkerungsbedarf
Der im Rahmen der DDR-Planwirtschaft durch die Staatliche Plankommission vorgegebene Bedarf an Lebensmitteln und anderen Waren des täglichen Bedarfs. Wenn die nach Plan produzierten Waren dann in den Handel kamen, konnte man sie in Waren des allgemein erhältlichen Sortiments, in Ladenhüter und Bückwaren unterteilen.

Bino Speisewürze
„Koche mit Liebe, würze mit Bino!" – Reklamespruch für die Würzsauce aus dem Elektrochemischen Kombinat Bitterfeld Nord (Bino), vergleichbar der Maggi-Würze.

auch Kräuterlikör, Steinhäger etc. hergestellt. Der Betrieb wurde nach der Wende wieder privatisiert und brennt seither erfolgreich schärfere und scharfe Sachen.

Bodenreform
Nach dem Motto „Junkerland in Bauernhand" noch in der Zeit der sowjetischen Besatzungszone 1945/46 durchgeführte Bodenreform, mit der Großgrundbesitzern ihr Land enteignet und dann landlosen Bauern übereignet wurde. Im Zuge der Realisierung der Landwirtschaftlichen Produktionsgenossenschaften (LPG's) in den 50er Jahren wurde diesen Bauern ihr Land aber faktisch wieder enteignet.

Rohrernte mit der Erntemaschine auf Feldern am Bodden bei Barth (Mecklenburg-Vorpommern)

Bitter Lemon
Begehrte Zitruslimonade in der DDR

Blauer Bison
Wodka aus dem VEB Getränkewerk Lautergold, in der ersten Hälfte des 18. Jahrhunderts von sächsischen Laboranten gegründet – hier wurde

Bonbon
Keine Süßware, sondern despektierliche Bezeichnung für das ovale Parteiabzeichen der SED-Mitglieder.

Borschtsch
Russischer Eintopf aus Fleisch, Suppengemüse, Weißkohl, Roter Bete, der nach dem Auffüllen auf den Sup-

Der Bedarf an Lebensmitteln für die gesamte Bevölkerung wurde staatlich geplant und festgelegt

penteller mit einem Löffel saurer Sahne verfeinert wird.

Brockensplitter
Schokolade mit Krokantsplitter in dreieckiger Form. Das Produkt verschwand im Zuge der Weltkakaokrise, ist heute aber aus Wernigerode wieder erhältlich.

Broiler
Schweres Mastgeflügel der DDR, seit den 70er Jahren im Kombinat Industrielle Mast mit bis zu 1,2 kg Gewicht produziert, also erheblich schwerer als ein Hähnchen.

Goldbroiler
Am rotierenden Elektrogrill knusprig gebratene Broiler. Diese Bezeichnung hat sich nach der Wende ein Erfurter schützen lassen, der das beliebte Geflügel jetzt wieder am Ort in einer so genannten „Broiler-Bar" anbietet.

Bückware
Bei knapper Warenproduktion und Mängeln in der Distribution waren viele Produkte in der DDR nur selten oder nicht in genügender Menge zu erhalten. Gerade begehrte – und deshalb so knappe – Waren wurden vom Verkaufspersonal in den Geschäften gar nicht erst ins Regal gestellt, sondern nur auf besondere Nachfrage unter dem Ladentisch (durch Bücken) hervorgeholt. Dies setzte natürlich gegenseitige Hilfsbereitschaft voraus – aber jeder Werktätige in der DDR hatte eigentlich Zugang zu Dingen, die andere auch benötigten. Deshalb galt die Devise. „Kunden, seid nett zu eurer Verkäuferin"!

Burger Knäckebrot
Wurde seit 1927 produziert, ab 1948 dann vom VEB Erste Deutsche Knäckebrotwerke Burg und ist heute wieder erhältlich.

Cafésan
Milchpulver als Kaffeesahneersatz – dieser Kaffeeweißer entstammte dem VEB Dauermilchwerke Stendal und bildete leider Klümpchen im Kaffee.

Cama
1971 eingeführte „gesunde" Halbfettmargarine des VEB Thüringer Öl- und Margarinewerk Gotha.

Carena
Relativ teure Limonade des VEB Getränkekombinats Berlin. Dieses Getränk löste andere Limonaden am Markt ab, was einer verdeckten Preiserhöhung gleichkam.

DKK
Kühlgeräte aus dem VEB deutsche Kühl- und Kraftmaschinengesellschaft. Zum Ende der DDR bot DKK ein relativ breites Sortiment an kleineren und größeren Kühlschränken sowie Tiefkühltruhen an. Seit der Wende produziert das Werk u.a. FCKW-freie Kühlschränke.

Club Cola
Koffeinhaltiges Kolagetränk verschiedener Getränkekombinate, vom VEB Getränkekombinat Berlin PB Spreequell z.B. als Spreequell Club Cola angeboten. Club-Cola war nicht ganz so süß wie Vita-Cola und wurde gerne zu Wodka-Cola gemixt.

Bananen und Südfrüchte

Südfrüchte gehörten zu den raren Produkten in der DDR. Besonders an der Frage der Verfügbarkeit von Bananen ließ sich die „Vorteilhaftigkeit" des sozialistischen Systems gegenüber dem kapitalistischen erkennen – noch nicht einmal zwei Kilo pro Jahr verzehrte der DDR-Bürger im Durchschnitt, ganze zehn Kilo der Westler dagegen. Südfrüchte wurden deshalb auch gerne als „Kalenderfrüchte" bezeichnet, denn wenn es sie gab, schaute man auf den Kalender, und bald war Weihnachten....

Doch auch die Südfrüchte, die beim Verbraucher ankamen, waren nicht ganz problemlos. So bezog man beispielsweise aus Devisengründen beim Brudervolk der Kubaner Apfelsinen. Diese „Cubasinen" waren allerdings strohig und trocken. Sie eigneten sich aber wenigstens zum Auspressen. Doch viele der importierten Bananen kamen vermatscht beim Verbraucher an. Sie waren einfach der vorweihnachtlichen Witterung auf dem Weg vom Rostocker Hafen nach Berlin oder Leipzig nicht gewachsen, weil es an beheizbaren Waggons fehlte!

Aus eigenem Anbau: Die Obstauswahl blieb zumeist auf die Ernte aus dem heimischen Garten beschränkt

Vor allem die lange entbehrten Bananen erfreuten sich nach der Maueröffnung großer Nachfrage

Creck
Schokolade der VEB Elfe Berlin, die trotz aller Kakaoeinfuhrprobleme durch Reduzierung des Kakaogehaltes (und Ersatz durch Rinderblut) weiterhin erhältlich blieb – beliebt durch beigefügte Sammelbilder über die Pflanzen- und Tierwelt der DDR.

Cubasine
Unbeliebte Orange aus Cuba – in Ermangelung von Devisen führte die DDR zunehmend Zitrusfrüchte aus dem karibischen Bruderstaat mit genauso schwacher Währung wie die „Mark der DDR" ein. Cubasinen ließen sich jedoch nur schwer pellen, ihr Fruchtfleisch war faserig. Zum Auspressen waren sie aber geeignet.

Datsche
Aus dem russischen Sprachgebrauch für „Datscha" eingedeutscht eingeführter Begriff für eine Gartenlaube im Schrebergarten, ein Ort ungestörter Wochenendfeiern und der Zusatzversorgung mit Obst und Gemüse.

Delikat
Die ab 1966 eingeführten Delikat-Läden dienten der Deckung des zunehmenden Bedarfs der Bevölkerung an hochwertigen Nahrungsmitteln und Getränken – die Preise waren allerdings auch „hochwertig". So erhielten die Delikat-Läden von der Bevölkerung auch bald den Beinamen „WuWuBu" (Walter Ulbrichts Wucherbude).

Der „Menüladen" war Bestandteil von Delikat-Läden, wo man zubereitete Fleisch- und Gemüsespezialitäten, Salate und andere hochwertige Nahrungsmittelzubereitungen bekommen und auch beispielsweise Kalte Buffets bestellen konnte – alles zu Delikat-Preisen. Zum Ende der DDR-Zeit gab es an die 2500 Delikat-Verkaufsstellen – mit diesem Verkaufssystem wurde auch überflüssige Kaufkraft der DDR-Bewohner abgeschöpft.

Für hochwertige Textilien u.ä. wurden die so genannten Exquisit-Läden eingeführt.

Eierteigwaren
Begriff für Nudeln in der DDR.

Einzelhandelsverkaufspreis (EVP)
Staatlich festgesetzter Verkaufspreis, der sich aus Industrieabgabepreis und Handelsspanne zusammensetzte. Lebensmittelpreise waren in der ganzen DDR und in allen Verkaufstypen gleich – ein Einkauf in der Kaufhalle beispielsweise bot also keine preislichen Vorteile (wohl gab es hier ein breiteres Sortiment).

Eiwü
Speisewürze wie Maggi, im allgemeinen Sprachgebrauch auch als „Maggi" verwendet.

Engpass
Umschreibung von Versorgungsmängeln im „DDR-Deutsch" (vergleichbar der „Bedarfslücke").

Erwa
Gekörnte Brühe des VEB Nahrungsmittel Halle.

Obst-, Gemüse und andere landwirtschaftliche Produkte wurden direkt in Volkseigenen Betrieben weiterverarbeitet

Eselsmilch
Süffiger Rotwein aus Ungarn, meist unproblematisch erhältlich.

Essensgeld
Essmarken für einen geringen Unkostenbeitrag berechtigten zur Teilnahme an der Kindergarten- und Schulspeisung.

Spielplatz des Betriebsgartens der Plauener Maschinen AG in den 70er Jahren

Facharbeiter für Agrotechnik
Bezeichnung für einen Landwirt in der DDR.

Facharbeiter für die Be- und Verarbeitung von Körnerfrüchten
Bezeichnung für einen Müller in der DDR.

Facharbeiter für Viehwirtschaft
Bezeichnung für einen Melker in der DDR.

Fettigkeit
In der „DDR-Sprache" Bezeichnung für Öle und Fette zum Braten.

Feuertanz
Beliebter bulgarischer Rotwein.

Filinchen
Waffelbrot des VEB Backwaren Gutena in Apolda, im Übrigen eines der wenigen kalorienreduzierten Produkte, die von der DDR-Bevölkerung richtig akzeptiert wurden – kein Wunder, dass Filinchen heute wieder erhältlich sind.

Frische Rahmbutter
Fettärmere Butter in Plastikpackung als „gesundes" Produkt konzipiert, bröckelig und ungeeignet in der Verwendung – sollte wohl vor allem Rohstoff sparen.

Fruchtstielbonbon
Begriff für Lutscher

Früchtebrot
Beliebtes Vollkornbrot mit Zusatz von Nüssen und Rosinen – eigentlich für Leistungssportler konzipiert, erfreute es sich aber allgemeiner Beliebtheit.

Gärtnerische Produktionsgenossenschaft (GPG)
Zusammenschluss von Obst- und Gemüseproduzenten zur Belieferung des Binnenmarktes der DDR als Gegenstück zur Landwirtschaftlichen Produktionsgenossenschaft.

Gaststättenfacharbeiter
Bezeichnung für einen Kellner in der DDR.

Gelber Köstlicher
Die wichtigste Apfelsorte in der DDR.

Genex
DDR-Handelsfirma, bei der DDR-Bürger gegen West-Devisen (deren Besitz eigentlich verboten war) alles kaufen konnten, was ansonsten nicht

Agrotechnik: Ein Pilot streut mit dem Agrarflugzeug Gründünger über einer LPG

Die Berufsbezeichnung für Kellner lautete in der DDR „Gaststättenfacharbeiter“

– oder nur mit langer Wartezeit – erhältlich war. Über diese Handelsfirma konnten genauso gut Westdeutsche (oder andere „Devisenausländer“) ihren Verwandten in der DDR Waren zukommen lassen.

Geschabtes
In der DDR übliche Bezeichnung für Hackfleisch

Gestattungsproduktion
Lizenz-Auftragsproduktion durch DDR-Betriebe für Westunternehmen, hauptsächlich Unternehmen aus Westdeutschland. So produzierte beispielsweise das Milchkombinat Schwerin für „Bärenmarke“ und vertrieb diese Produkte innerhalb der DDR über die Delikat-Läden. In den 80er Jahren kam kaum noch eines der Delikat-Produkte aus dem Westen, sondern wurde in Lizenzproduktion in der DDR selbst hergestellt.

Goldbrand
Liebevoll „Goldi“ genannter Weinbrandverschnitt des VEB Nordbrand Nordhausen.

Goldkrone
Hochpreisiger, aber dennoch sehr beliebter Weinbrand des VEB Weinbrand Wilthen – der Betrieb stellte zusätzlich „Grand Reserve“ ausschließlich für den Absatz über Delikat-Läden her.

Beliebt: Weinbrände

Gotano
DDR-Wermut aus Gotha.

Grillette
Seit Mitte der 70er Jahre aus gewürztem Schweinemett hergestellter Klops und auf dem Grill zubereitet – diese ursprüngliche Thüringer Spezialität entwickelte sich zu so etwas wie einer Antwort des Ostens auf den „Hamburger“.

Grönlandschnitte
Seit 1972 vom Fischkombinat Rostock angebotenes küchenfertig paniertes, tief gefrorenes Fischfilet, im Volksmund „Panzerplatten“ genannt.

Halberstädter Konserven (Halko)
Fleisch- und Wurstkonserven aus Halberstadt. Diese qualitativ höherwertigen Produkte stellten typische Bückware im DDR-Einzelhandel dar. In der Tat wurden sie auch überwiegend in Delikat-Läden angeboten. Halberstädter Würstchen gibt es bis heute.

Halloren-Kugeln
Pralinen aus Deutschlands ältester Schokoladenfabrik (ab 1804) mit heller und dunkler Hälfte – später vom VEB Halloren Halle produziert. Diese Pralinen gibt es seit 1995 wieder, und sie werden nunmehr auf einer der modernsten Fertigungsstraßen Europas hergestellt.

Handelsorganisation (HO)
1948 gegründete, allgegenwärtige Staatliche Handelsorganisation – die Palette ihrer Geschäfte reichte vom abhängigen Kleinhändler bis zum Centrum-Kaufhaus.

Hansa Keks
Kekse des VEB Nahrungsmittelkombinats Albert Kuntz in Wurzen.

Hortex
Begehrte polnische Konserven, die über einen speziellen Laden in Ostberlin verkauft wurden.

Immergut
Kaffeesahne aus dem VEB Molkerei und Dauermilchwerk Stavenhagen.

Im Nu
Löslicher Malzkaffee aus dem Hause Röstfein. Der Instant-Klassiker wurde vor kurzem wieder in Produktion genommen.

Interhotel
„Luxus"-Hotelkette der DDR mit „Devisen"-Restaurants (der bekannte DDR-Fernsehkoch Kurt Drummer war Chefkoch bei Interhotel).

Intershop
Ladenkette, zunächst für den Verkauf von Luxusartikeln an Devisenausländer gedacht, zunehmend aber von Bürgern der DDR (mit D-Mark von der Verwandtschaft im Westen) zum Kauf heiß begehrter, aber ansonsten nicht erhältlicher Waren genutzt.

Juwel
Klarer Weizenbrand aus Cottbus, einer der vielen klaren Schnäpse, die in DDR-Kornbrennereien mit großem produziert wurden.

Kaffee Mix
Seit 1977 produzierter pulverisierter Kaffee-Verschnitt zum Einsparen von Devisen, vor dem sogar der DDR-Brühautomat kapitulierte und der einfach nicht nach Kaffee schmecken wollte.

Kalenderfrucht
Despektierliche Bezeichnung für die knappen Südfrüchte, die nur vor Feiertagen reichlicher erhältlich waren – wenn dieser Fall eintrat, zeigte ein Blick auf den Kalender, dass beispielsweise in vierzehn Tagen Weihnachten war.

Lange Schlangen bildeten sich 1979 vor den Intershops nach der Bekanntgabe, dass DDR-Bürger nicht mehr mit Westwährungen bezahlen können, sondern Gutscheine von den Banken erhalten

Preise

Bei Grundnahrungsmitteln wie Brot konnte der Kunde nur wenig Vielfalt im Angebot erwarten. Dafür war vor allem Brot so extrem günstig, dass der Verbraucher oft zur Verschwendung neigte.

Von den DDR-Preisen für Nahrungs- und Genussmittel kann man heute nur noch träumen:

- 1 Kilo Weißkohl – 38 Pfennige
- Zwei-Pfund-Roggenmischbrot – 52 Pfennige
- 1 Kilo Kartoffeln – 85 Pfennige
- 1/3 Liter Vollbier – 48 Pfennige
- 500 Gramm Marmelade im Glas – 1,08 Mark
- 285-Gramm-Packung Tempo-Linsen – 1,05 Mark

allerdings:

- 125 g Kakao – 4 Mark
- 1 Kilo Röstkaffee Rondo – 70 Mark

Die niedrigen Preise galten für Grundwaren des täglichen Bedarfs, wobei Produkte aus eigener Produktion am billigsten (und am stärksten subventioniert) waren. Importwaren wurden gegen Ende der DDR-Zeit zunehmend nur noch in Delikat-Geschäften zu stark überhöhten Preisen verkauft.

Zu preiswerte Nahrungsmittel brachten aber auch Probleme mit sich. Brot war so billig, dass es den Kaninchen in den Datschen als Futtermittel vorgesetzt wurde. Und Schulbrote wurden nur allzu oft auf dem Hof fort geworfen. Verschwendung war bei diesen Grundnahrungsmitteln angesagt.

Centrum-Kaufhalle am Alexanderplatz in Ostberlin

Kathi
Beliebte Fertigbackmischungen und Kuchenböden aus dem VEB Kaffee Halle – ein alter Familienbetrieb, benannt nach dem Gründer Karl Thiele. Gleich nach der Wende wieder in Familienbesitz zurückgekommen, sind die legendären Backmischungen aus Halle nach wie vor erfolgreich. Kathi exportiert auch in viele Länder der Erde – eine Ost-Erfolgsstory!

Kaufhalle
Warenhaus für den alltäglichen Bedarf.

Kettwurst
Begriff für ein dem Hot Dog vergleichbares Produkt in der DDR.

KIM Eier
Überall abgesetzte Eier des Kombinats Industrielle Mast – ihr Reklamespruch: „Köstlich Immer Marktfrisch“. Die KIM-Produktionsbetriebe erzeugten neben Eiern auch Geflügel nach industriellen Mastmethoden. Dieses Kombinat stellte die Broiler in industrieller Mast her.

Knusperflocken
Die begehrten Schokoladen-Knäckebrot-Flocken aus dem VEB Zetti Zeitz dürfen auch heute in keinem Ost-Präsentkorb fehlen.

Kombinat
Zusammenfügung verschiedener Betriebseinheiten (VEBs, VVBs) zu einem Großbetrieb, der in der Regel alle Stufen eines Produktionsprozesses umfasste.

Kundschaft in HO-Supermarkt in den frühen 70er Jahren

Komet
Eispulver aus dem VEB Dauermilchwerke Stendal.

Konsum
Nach dem zweiten Weltkrieg wieder belebte Handelsgenossenschaft, die von den Nazis abgeschafft worden war und Geschäfte in der ganzen DDR und auch eigene „Konsument“ Produktionsstätten hatte (z.B. für die zuckersüßen Konsument-Waffeln). Mitglieder der Konsumgenossenschaften bekamen beim Einkauf so genannte Konsumkarten (=Rabattmarken). Der Konsum stellte die zweite Verkaufsschiene neben den „HO“-Geschäften in der DDR dar.

Kosta
Der billigere Kaffee aus dem Konsum-Kaffeewerk Röstfein in Magdeburg.

Kuko-Reis
Markenname für den Kurzkochreis des VEB Nahrungsmittelkombinats Albert Kuntz in Wurzen. Der Wurzener Kurzkochreis im Kochbeutel war in sieben Minuten gar und lockerkörnig – ein Produkt, das angesichts der Zeitknappheit der überwiegend berufstätigen Frauen in der DDR gerne in der Küche verwendet wurde.

Landwirtschaftliche Produktionsgenossenschaft (LPG)
Mit der Anfang der 50er Jahre begonnenen Kollektivierung der privaten Landwirtschaftsbetriebe setzte die SED-Führung ihre Vorstellungen von sozialistischem Eigentum an den landwirtschaftlichen Produktionsflächen durch. Die so entstandenen Landwirtschaftlichen Produktionsgenossenschaften (LPG) konnten als Großbetriebe die agrarische Produktion in großem Stil betreiben und wurden in der Folgezeit alternativ auf Pflanzen- oder Tierproduktion spezialisiert. Diese Maßgabe hatte aber große betriebswirtschaftliche Nachteile, so dass zum Ende der DDR-Zeit der Zusammenschluss mehrerer LPGs zu Kooperativen Abteilungen Pflanzen- oder Tierproduktion angestrebt wurde. Dieser Prozess wurde durch die Wiedervereinigung (Wende) abgebrochen.

Letscho
Bulgarische Gemüsekonserve aus Tomaten und Paprika – eine beliebte Beilage zu Fleischgerichten, meist nur als Bückware erhältlich.

Marina
Würfelmargarine zum Braten und Backen.

Der Waldboden in der Rostocker Heide wird mit Hilfe eines Kaltblutpferdes gepflügt

Melange
Gehobene Röstkaffeemarke (Bohnenkaffee), in ganzen Bohnen angeboten.

Milasan
Kinderfertignahrung der VEB Dauermilchwerke Stendal und Genthin, als Zusatznahrung zur Muttermilch ab dem dritten Lebensmonat vorgesehen.

Milchbeutel
Ab den 70er Jahren wurde Frischmilch zunehmend in Plastikbeuteln verkauft, die leider nicht besonders stabil waren. Geplatzte Milchbeutel verursachten also viel Ärger.

Gesundheit aufs Brot!

Ernährungsbedingte Krankheiten bereiteten im Laufe der Zeit in der DDR immer ernstere Sorgen. Schließlich zählten die Bürger des Landes zu den Welt-Spitzenreitern im Kalorienkonsum, und sichtbares Zeichen dieser Entwicklung war ihre zunehmende Fettleibigkeit. Die DDR-Staatsführung nahm sich des Problems an. So wurden zunächst die Spirituosen Einzelhandelsverkaufspreise angehoben. Tatsächlich sank der Schnapskonsum – aber nur für ein Jahr. Dann verdienten die Schnapsbrennereien an den höheren Preisen! Später wurde „Primasprit", frei verkäuflicher reiner Alkohol für 17,60 Mark die Flasche, aus dem man wunderbare aufgesetzte Schnäpse selbst herstellen konnte, aus dem Verkehr gezogen. Dafür gab es dann nur noch den 56%igen „Primus"-Wodka, allerdings für 27 Mark die Flasche.

Doch auch dem Fettkonsum sollte auf den Leib gerückt werden. Zu diesem Zweck hatte der VEB Öl- und Margarinewerk Gotha die Halbfettmargarine „Cama" entwickelt. Dieses Produkt wurde mit großem Informationsaufwand angepriesen. Zwei Jahre später kam das Butterhalbfett „Frische Rahmbutter" dazu. Dieses Produkt war zu bröckelig, wenn es aus dem Eisschrank kam, um aufs Brot gestrichen zu werden, und zum Backen viel zu wässrig. Erst mit der halbfetten Sojamargarine „Marelle", die zu Beginn der 90er Jahre auf den Markt kam, gab es ein gebrauchsfähiges kalorienreduziertes Fettprodukt.

Spirituosen aus Osteuropa fanden auch in der DDR Absatz. Bei DDR-Bürgern und Westbesuchern gleichermaßen hoch im Kurs stand Wodka aus Polen und aus der damaligen Sowjetunion.

H-Milch wurde weiterhin in der Pappschachtel angeboten – besonders auch bei Campern beliebt, oft aber nur als Bückware erhältlich.

Moewe Eierteigwaren
Nudeln aus der Müritzstadt Waren brachten es getreu dem Motto „Nimm ein Ei mehr" auf stolze zweieinviertel Eier je Kilo. Die Nudeln erfreuen auch heute noch die Käufer, denn auch dieses erfolgreiche Agroprodukt hat die Wende überlebt.

Mokka Fix Gold
Gemahlener und luftdicht verpackter Kaffee, seit den 70er Jahren im Angebot.

Mona
„Edel"-Röstkaffeemarke der DDR, zuletzt nur noch in Delikat-Geschäften erhältlich. Da Kaffeee nicht zum Grundbedarf zählte, war er teuer.

Milchpause
Pause zur Ausgabe von Trinkmilch an Schüler.

Nataschka-Laden

Läden mit russischem Sortiment in der Nähe von sowjetischem Kasernengelände. Hier gab es Süßwaren und Krimsekt, aber auch kunsthandwerkliche Artikel.

Nordhäuser Doppelkorn

Der „Klare“ aus der DDR, der heute in ganz Deutschland distribuiert wird.

Nudossi

Nuss-Nougat-Creme, das DDR-Nutella schmeckt als „nougatartiger Brotaufstrich für die ganze Familie“ noch heute.

Pfeffi

Für ein paar Pfennige pro Packung erfrischten die eckigen Pfefferminzbonbons die ganze DDR, sie sind auch heute noch erhältlich.

Picnic-Sauce

DDR-Bezeichnung für Worcestersauce, die in Restaurants gerne zu Würzfleisch oder Steak gereicht wurde. Die leicht scharfe Würzsauce wurde aus Branntweinessig, Tomatenmark, Likörwein, Tamarindenmus, Sardellenextrakt, Zitronensaft, Zucker, Salz, Sojasauce, Gewürzen, Aromen und Farbstoffen hergestellt. Picnic-Sauce gehörte zu den vielen Bückwaren in der DDR

Primasprit

Hochprozentiger Alkohol (96%) des VEB Bärensiegel in Berlin, der für selbst gefertigte Schnäpse genutzt wurde. Gegen Ende der DDR-Zeit verschwand dieser vielgeliebte Sprit aus den Regalen von HO und Konsum. Dann gab es nur noch Primus.

Primus

Wodka mit immerhin 56% Alkohol – nicht ganz preiswert, wurde gerne auch für selbst gemachte Liköre verwendet. Seit es diesen Wodka ab den 80er Jahren gab, wurde der bis dahin frei verkäufliche und viel billigere reine Alkohol „Primasprit“ aus dem Verkehr gezogen. Sicherlich wollte man so dem weit verbreiteten übermäßigen Alkoholkonsum vorbeugen, aber eine verdeckte Preiserhöhung steckte auch als Absicht dahinter.

Blick in das Schaufenster eines Geschäfts mit diversen alkoholischen Getränken

Produktionsgenossenschaft Handwerk (PGH)

Zusammenschluss von Handwerksbetrieben – die Mitglieder brachten ihre Anlagen, Werkzeuge und Maschinen ein.

Radeberger

Hoch begehrtes Bier nach Pilsner Brauart (seit 1872), wurde wegen seiner anerkannten Qualität vorwiegend für den Export im VEB Radeberger Exportbierbrauerei Radeberg gebraut – eines der ganz typischen Beispiele für Bückware in der DDR. Radeberger Bier ist heute (im Gegensatz zu DDR-Zeiten) überall erhältlich.

Rondo

Kaffeemarke des Konsum-Kaffeewerks Röstfein in Magdeburg, auch als Malzkaffee erhältlich. Meistverkaufte Kaffeemarke der DDR, ungemahlen – dieser Kaffeeklassiker wird noch heute nach Original DDR-Rezept in einem speziellen Verfahren geröstet.

Rotkäppchen

Sekt der VEB Rotkäppchen Sektkellerei Freyburg an der Unstrut. Der süße Sekt entsprach ganz dem damaligen Geschmack in der DDR – eine Marke, die die Wende erfolgreich überstanden hat.

Sättigungsbeilage

Ein aus der Anfangszeit der DDR mit noch geringen Fleischportionen stammender Begriff, mit dem man kohlenhydratreiche Beilagen (Kartoffeln, Brot, Nudeln, entsprechende Gemüse etc.) bezeichnete. Der Begriff wurde in der DDR-Gastronomie auf den Speisekarten beibehalten, ohne dass er einen negativen Beigeschmack hatte.

Schokoladentaler

Kleine mit bunten Zuckerperlen bestreute Schokoladenplätzchen, deren Rezeptur (Kakaoanteil!) nicht verändert wurde.

Berufstätige Mütter wussten ihre Kinder in den staatlichen Krippen und Horten gut versorgt – bis hin zur Krippen- oder Schulspeisung

Rotplombe

Puddingpulver, Tortenguss und Götterspeisen aus den Konsum-Nährmittelwerken Erfurt mit starker Neigung zur Klümpchenbildung.

Schlager Süßtafel

Ersatzprodukt für Schokolade, die aus Devisenmangel mit immer geringeren Kakaogehalten oder sogar ohne Kakao von dem VEB Thüringer Schokoladenwerke unter dem Markennamen „Rotstern“ hergestellt wurde. Schokoladen mit klassischer oder annähernd klassischer Rezeptur blieben seither dem Absatz über Delikat-Geschäfte vorbehalten.

Schulspeisung

Fast alle Schüler in der DDR profitierten von der Schulspeisung. Durch den Kauf hoch subventionierter Essensmarken konnten die Schüler an der Schulspeisung teilnehmen.

Schweinemast- und Zuchtkombinat (SMZK)
Im Gegensatz zu den Landwirtschaftlichen Produktionsgenossenschaften gab es auch Volkseigene Güter (VEG) in der DDR, die aus früherem Staatsbesitz stammten. Neben reinen Produktionsbetrieben wurden die VEGs speziell auch für die Saatzucht und Tierzucht eingesetzt. Im Schweinemast- und Zuchtkombinat beschäftigte man sich vornehmlich mit der Rationalisierung des Einsatzes von Futtermitteln, die zu großen Teilen gegen teure Devisen aus dem Ausland beschafft werden mussten. Die typischen DDR-Schweine wurden in der Regel länger ausgemästet und hatten eine größere Fettauflage als die Tiere aus Holland oder aus dem Weser-Ems-Gebiet, dem Haupterzeugungsgebiet in Westdeutschland, wo die Verbraucher schon längst magerere Schweine bevorzugten. Für den Devisenexport über die unter anderem dafür in der DDR zuständige Handelsorganisation „KoKo“ („Kommerzielle Koordination“) wurden daher die fettärmeren Tiere ausgewählt. Immerhin ging so an die 10% der DDR-Schweinefleischproduktion ins Westausland – ein Vorgang, der aus Geheimhaltungsgründen in der DDR-Statistik keine Berücksichtigung fand. Dadurch reduziert sich auch der statistisch ausgewiesene Kalorienverbrauch der DDR-Bürger entsprechend – blieb aber selbst dann noch im internationalen Vergleich überdurchschnittlich hoch.

Soljanka
Typisch russisch-ukrainischer Eintopf aus Fleisch und Gemüsen sowie sauren Gurken, der mit saurer Sahne gebunden wird. War als Suppe Standard-Vorspeise in der DDR-Gastronomie, weil sich damit Reste hervorragend verwerten ließen.

Suppina
Tütensuppen des VEB Suppina Auerbach.

Tempo-Linsen, Tempo-Bohnen, Tempo-Erbsen
Vorbehandelte Hülsenfrüchte des VEB Suppina Auerbach, die nicht mehr eingeweicht werden brauchten, sondern sofort gekocht werden konnten. Es waren beliebte Produkte, die der Zeitknappheit der berufstätigen Frauen in der DDR entgegen kamen, leider aber nicht immer erhältlich waren.

Das Rezept für die beliebte Soljanka finden Sie auf der Seite 78/79 im Rezeptteil

Timm's Saurer
Der saure Likör aus Wodka und Zitrone aus dem VEB Schilkin Berlin-Kaulsdorf war der Verkaufsrenner der 70er Jahre. Das Produkt kann man noch heute kaufen.

Tote Oma
Despektierliche Bezeichnung für frische Grützwurst (Herkunft unklar)

Vita Cola
Koffeinhaltiges Erfrischungsgetränk mit einem Spritzer Zitrone und nicht so süß wie andere Kolagetränke der DDR – eines der ostdeutschen Kult-Produkte, noch heute erhältlich.

VEB
Volkseigener Betrieb – so firmierten die Betriebe in der DDR bis in die 70er Jahre. Danach wurden die VEBs überwiegend Bestandteile von Kombinaten.

VVB
Vereinigter Volkseigener Betrieb, Vorläufer des Kombinats (wie z.B. VVB Hochseefischerei).

Warenhaus
Kaufhaus der Staatlichen Handelsorganisation der DDR (HO), in den Bezirkshauptstädten auch als Centrum-Warenhaus bezeichnet, mit Vollsortiment einschließlich Lebensmitteln und Getränken.

Wernesgrüner
Exportbier des VEB Exportbierbrauerei Wernesgrün im Vogtland, genauso wie Radeberger ein Produkt der gehobenen Gastronomie und im Handel meist nur als Bückware erhältlich.

Wikingerfrühstück
Fischkonserve in Sahnesauce des VEB Fischfang Rostock, die den Eindruck einer Heringskonserve erweckten, die aber tatsächlich mit Makrelenfilets gefüllt waren.

Mecklenburger Wein

Mecklenburg tritt neben den Gebieten Saale-Unstrut und Sachsen als kleinstem Weinanbaugebiet Deutschlands ebenfalls als Weinanbaugebiet in Erscheinung

Mit der Wiedervereinigung waren Deutschlands nördlichste Weinberge an Saale, Unstrut und Elbe wieder allgemein zugänglich. Traditionell hat es dazu schon immer einen Weinberg in Werder in Brandenburg gegeben. Neuerdings gibt es auch Mecklenburger Wein.

Heute stehen die nördlichsten Weinbauflächen Deutschlands in Mecklenburg-Strelitz. Der Bundesrat stimmte einer entsprechenden Änderung des Weinrechts zu, so dass das „Stargarder Land“ nunmehr auch offizielles Weinbaugebiet ist. Es ist ein Anbaugebiet für Tafelwein, der aus den Lagen „Schloss Rattey“ mit 3,5 Hektar Fläche sowie “Burg Stargard“ mit 0,2 Hektar Fläche als „Mecklenburger Landwein“ vermarktet werden darf. Übrigens geht der Weinbau in diesem Gebiet bis in das 13. Jahrhundert zurück.

Würzfleisch

Begriff für Ragout Fin in der DDR, wobei die DDR-Gastronomie Würzfleisch überwiegend aus Hühnerfleisch anbot. Dazu gab es Worcestersauce (in der DDR gerne als Worschester ausgesprochen), die im Handel meist nur als Bückware erhältlich war. So kam es, dass die Restaurant-Gäste nach dem eingenommenen Mahl gerne die Worcestersauce „mitgehen" ließen.

Wurzelwerk

In der DDR übliche Bezeichnung für Suppengemüse, vor allem bestehend aus Sellerie, Möhren, Lauch, Kohlrabi und Petersilie.

Zone

Am 13. August 1961 riegeln DDR – Grenzpolizisten die Grenze zwischen Westberlin und Ostberlin sowie zwischen den drei Westsektoren und der Deutschen Demokratischen Republik ab. Der Ostsektor wird noch lange Zeit von den Bürgern Westdeutschlands als „Ostzone" oder „Zone" bezeichnet.

Vorspeisen und kleine Gerichte

Rührei-Variationen

Zutaten:
8 Eier
Salz
Pfeffer
8 El Milch
4 El Sahne
2 El Butter

1 Die Eier nacheinander an der Kante einer Schüssel aufschlagen und in die Schüssel geben, salzen und pfeffern.

2 Die Eimasse mit einer Gabel, noch besser mit einem Schneebesen schlagen, bis sich Eiweiß und Eigelb gut miteinander verbunden haben. Milch und Sahne unterrühren.

3 In einer Pfanne Butter aufschäumen lassen. Eimasse hineingeben, danach die Hitze reduzieren. Die Eimasse mit einer Gabel leicht umrühren. Wenn der Rand der Eimasse fest ist, die Herdplatte ausschalten. Die Pfanne auf dem Herd lassen, Eimasse vom Pfannenboden lösen und großflockig stocken lassen.

Variante I:
Nach Belieben krossen Speck auf eine Brotscheibe legen, das Rührei darauf geben und mit Kresse garnieren.

Variante II:
1 gewürfelte Paprikaschote kurz anbraten, 100 g gewürfelten Schinken dazugeben, pfeffern, andünsten und mit dem Rührei vermischen. Auf Brot servieren und mit Schnittlauch garnieren.

Variante III:
1 Bund gemischte Kräuter (Petersilie, Dill, Schnittlauch) hacken und unter die rohe Eimasse rühren. Das Rührei dann nach dem Grundrezept fertigen und auf Brot servieren.

Variante IV:
200 g Krabben mit 1/2 gewürfelter Salatgurke und gehacktem Dill kurz andünsten, mit Salz, Pfeffer, Zitronensaft würzen und unter das fertige Rührei mischen. Auch auf Brot servieren.

Anmerkung:
Natürlich bereitet man heute das Rührei in einer beschichteten Pfanne zu. Dann braucht man weniger Fett und das Ei klebt trotzdem nicht am Pfannenboden fest. Bei den Alu- oder Eisenpfannen aus der DDR-Zeit musste man immer darauf achten, dass genug Fett in der Pfanne war. Außerdem durfte man die Hitze nicht zu hoch einstellen, um ein Anbrennen des Rühreis zu verhindern. Alle Rührei-Variationen sind preiswert und schnell zuzubereiten, was für die berufstätigen Frauen in der DDR besonders wichtig war. Da alle Familienmitglieder in der Woche in Betriebs- oder Schulkantinen verpflegt wurden, reichte abends ein Imbiss.

Zubereitungszeit 15 Minuten
Pro Portion ca. 265 kcal/1113 kJ
17 g E · 21 g F · 2 g KH

Pommerscher Kaviar

Zutaten:
Bauchfett von 1 Gans (beim Metzger, der auch Frischgeflügel führt, vorbestellen. Zur Not geht auch Gänseschmalz)
Wurzelwerk
2 Zwiebeln
1 Tl Majoran
1/2 Tl Thymian
Salz

1 Das Fett von den Gänsedärmen lösen und 1 Tag mit dem klein geschnittenen Wurzelwerk und einer geschälten gehackten Zwiebel mit Wasser bedeckt stehen lassen, Wasser regelmäßig wechseln.

2 Das Fett aus dem Wasser nehmen und mit einem Messerrücken auf einem Brett von der Fetthaut abschaben und durch ein Sieb drücken.

3 Die zweite geschälte Zwiebel reiben und mit dem Schneebesen mit gehacktem frischen Majoran, Thymian und etwas Salz unter das Fett heben.

4 Die Fettmasse kühlen und „wie Kaviar" auf geröstetes Brot streichen – eine wahre Köstlichkeit!

Anmerkung:
Am Beispiel des Pommerschen Kaviars kann man sehen, mit welchem Einfallsreichtum die armen Leute in Pommern mit preiswerten Zutaten sogar kleine Delikatessen bereiteten.

Zubereitungszeit 15 Minuten (plus Zeit zum Einweichen)
Pro Portion ca. 79 kcal/332 kJ
1 g E · 7 g F · 3 g KH

Arme Ritter

Was einst in der Nachkriegszeit ein Not-Essen (nicht nur in der DDR) war, ist heute mit entsprechenden Zutaten als Leckerbissen zu genießen.

Zutaten:
4 Scheiben Weißbrot oder süßes Brot oder Zwieback
1/2 l Milch
1/2 Vanillestange
Zitronenschale
Zucker
4 Eier
Semmelbrösel
80 g Butter
Zimt

1 Die Milch mit Vanille, etwas abgeriebener Zitronenschale und einem Tl Zucker aufkochen und abkühlen lassen.

2 Das Brot (oder Zwieback) in der Milch tränken.

3 Die Eier aufschlagen, verrühren, die Brotscheiben (oder Zwieback) durch das Ei ziehen und in Semmelbröseln wenden.

4 Die Brotscheiben (oder Zwieback) in Butter von beiden Seiten braun braten und mit Zimt und Zucker bestreuen.

5 Lecker schmeckt etwas Kompott oder rote Grütze zu den Armen Rittern. Nach dem Krieg aß man selbst gepflückte Waldbeeren dazu.

Zubereitungszeit 20 Minuten
Pro Portion ca. 368 kcal/1544 kJ
12 g E · 26 g F · 21 g KH

Sprottensalat

Die Sprotte ist ein fettreicher kleiner Heringsfisch, der unter anderem in der gesamten Ostsee verbreitet ist und vor allem geräuchert (wie z.B. „Kieler Sprotten") zur Delikatesse wird. In den Mittelmeerländern werden Sprotten vor allem gegrillt. In diesem Rezept kommt der Fisch frisch zum Einsatz.

Zutaten:
800 g küchenfertige Sprotten
1 Zwiebel
3 El Essig
200 ml Weißwein
1 Lorbeerblatt
2 Nelken
Pfefferkörner
1/2 Bund Dill (oder 1 Tl getrockneter Dill)
Salz
Für die Marinade:
4 El saure Sahne
4 El Mayonnaise
1 El geriebener Meerrettich
2 Zwiebeln
2 säuerliche Äpfel
1/4 Salatgurke
1/2 Bund Petersilie und Schnittlauch
Salz, gemahlener Pfeffer, Zucker

1 Die Sprotten unter fließendem Wasser abspülen und trocknen.

2 Die Zwiebel schälen und anschließend vierteln.

3 Für den Sud Wasser, Essig, Wein und Salz zum Kochen bringen, Zwiebelstücke, Lorbeerblatt und Nelken zufügen und mit einigen Pfefferkörnern und dem Dill aufkochen.

4 Die Sprotten 15 Minuten im Sud bei reduzierter Hitze ziehen lassen.

5 Für die Marinade die saure Sahne schaumig schlagen und die Mayonnaise unterrühren. Die Masse mit Salz, Pfeffer, Meerrettich und einer Prise Zucker abschmecken Zwiebeln schälen und in Ringe schneiden. Äpfel schälen und teilen, das Kerngehäuse entfernen, die Gurke schälen und in relativ kleine Würfel schneiden.

6 Die Sprotten aus dem Sud nehmen, abtupfen, abkühlen lassen und in einer Schüssel mit den Zwiebelringen, Apfel- und Gurkenstücken vermischen. Die Marinade darüber gießen. Mit fein gehackter Petersilie und in Röllchen geschnittenem Schnittlauch bestreuen.

7 Zu dem Sprottensalat wird Brot (am besten frische Baguettescheiben) gereicht.

Zubereitungszeit 30 Minuten
Pro Portion ca. 580 kcal/2436 kJ
35 g E · 43 g F · 6 g KH

Marinierte Auberginen

Das Rezept für diese attraktive Vorspeise kam aus Jugoslawien in die DDR.

Zutaten:
2 Auberginen (ca. 600 g)
4 El Mehl
Salz, Pfeffer
1/4 l Öl
Für die Marinade:
1/2 Tasse Öl
4 El Essig
Salz
3 Knoblauchzehen
1 Bund Petersilie

1 Die Auberginen waschen, trockentupfen, die Stielansätze abschneiden und das Fruchtfleisch längs in dünne Scheiben schneiden.

2 Das Mehl mit Salz und Pfeffer mischen.

3 1/4 der Ölmenge in einer Pfanne erhitzen, die Auberginenscheiben nacheinander in dem Mehl wenden und im heißen Öl von beiden Seiten je 1 Minute goldgelb braten. Dabei Öl nach Bedarf in die Pfanne nachgießen.

4 Nach dem Braten die Auberginenscheiben auf einer Lage Küchenpapier abtropfen lassen.

5 Die Auberginenscheiben teilweise überlappend, wie rechts abgebildet, in eine flache Schüssel schichten.

6 Für die Marinade Öl und Essig mit etwas Wasser verrühren, Salz und die zerdrückten Knoblauchzehen dazugeben.

7 Die Auberginenscheiben in der Schüssel mit gehackter Petersilie bestreuen und die Marinade darüber träufeln.

8 Vor dem Servieren die Auberginenscheiben ca. 3 Stunden im Kühlschrank ziehen lassen. Zu den Auberginenscheiben reicht man Weißbrot mit Scheiben der scharfen Debrecziner Wurst.

Zubereitungszeit 35 Minuten
(plus Zeit zum Ziehen)
Pro Portion ca. 725 kcal/3045 kJ
3 g E · 75 g F · 12 g KH

Harzer Käse mit Musik

Dieses herzhafte Gericht spiegelt so richtig das raue Harzer Klima wider.

Zutaten:
4 Harzer Käse
2 Zwiebeln
2 El Essig-Essenz
2 El Öl
1/2 Tl edelsüßes Paprikapulver
Pfeffer

1 Den Käse in Scheiben schneiden und in eine Schüssel geben.

2 Die Zwiebeln schälen und in feine Würfel schneiden.

3 Eine Vinaigrette aus den Zwiebeln, Essig, Öl und 125 ml Wasser bereiten und über die Käsescheiben gießen. Den Käse über Nacht durchziehen lassen.

4 Den Harzer Käse mit Paprikapulver und schwarzem Pfeffer bestreut zu Landbrot mit Butter reichen.

Zubereitungszeit 20 Minuten (plus Zeit zum Ziehen)
Pro Portion ca. 122 kcal/513 kJ
10 g E · 8 g F · 2 g KH

Pfeffergurken-Frühstück

Dieses Pfeffergurken-Frühstück ist ein besonderes Gurkenrezept aus dem Spreewald.

Zutaten:
4 große Gewürzgurken
Pfeffer
100 g Schinkenwurst
2 Eier
1 Rettich
3 El Mayonnaise
Salz, Essig
1 Camembert-Käse

1 Die Gurken längs halbieren, aushöhlen, Kerne dabei ausschaben und die Gurken von allen Seiten mit Pfeffer bestreuen.

2 Die Schinkenwurst ganz klein schneiden, den Rettich putzen und klein würfeln, die Eier hart kochen und würfeln, das Gurkeninnere klein hacken. Den Camembert in kleine Würfel schneiden.

3 Das Innere der Gurken mit der Wurst, den Eiern und dem Rettich mit Mayonnaise, Pfeffer und Salz sowie dem Essig zu einer kräftigen Füllmasse verarbeiten. Den Camembert zum Schluss untermischen.

4 Die Füllung einige Zeit durchziehen lassen und in die Gewürzgurkenhälften füllen – fertig ist diese außergewöhnliche Vorspeise!

Zubereitungszeit 25 Minuten
Pro Portion ca. 216 kcal/905 kJ
11 g E · 18 g F · 3 g KH

Bulgur

Dieses ursprünglich türkische Rezept hat auch auf dem Balkan Einzug gehalten – und viele Hausfrauen in der DDR neugierig gemacht.

Zutaten:
3 Zwiebeln
2 El Schweineschmalz
1 Dose Tomatenmark
1 1/2 Tassen Bulgur (vorgegarter Weizenschrot)
3 Tassen Hühnerbrühe
Salz
etwas Thymian

1 Die Zwiebeln schälen und klein würfeln.

2 Das Schmalz in einem Topf erhitzen und die Zwiebelwürfel darin 8-10 Minuten weich dünsten.

3 Das Tomatenmark unterrühren. Bulgur und Brühe dazu geben, mit Salz und Thymian würzen.

4 Den Bulgur 25 Minuten ziehen und quellen lassen, um ihn servierfähig zu machen.

Zubereitungszeit 20 Minuten (plus Zeit zum Quellen)
Pro Portion ca. 184 kcal/773 kJ
5 g E · 3 g F · 34 g KH

Affenfett

Aus der Not eine Tugend machen – das war die Devise in der Nachkriegszeit. In der Zeit der Sowjetischen Besatzungszone entwickelten die Menschen viel Erfindungsreichtum, um Ersatz für Fleisch- und Fleischprodukte zu „zaubern". Affenfett war eine der vielen Antworten auf die knappen Jahre. Und Affenfett war so gut, dass es sich über die ganze DDR-Zeit retten konnte.

Zutaten:
50 g Bauchspeck
1 mittelgroße Zwiebel
1 große Tasse Milch
1 Ei
je 1 Tl Mehl und Majoran
Salz und Pfeffer

1 Den Speck würfeln und die Zwiebel schälen und würfeln.

2 Speck und Zwiebeln in einer Pfanne glasig braten.

3 Milch, Ei, Majoran, Mehl, Salz und Pfeffer verquirlen und in die Speckpfanne rühren.

4 Die Masse in der Pfanne kurz stocken lassen und nochmals durchrühren, damit sie nicht zu fest wird.

5 Das Affenfett noch lauwarm auf Brotscheiben streichen – in der Tat eine kleine Delikatesse!

Zubereitungszeit 20 Minuten
Pro Portion ca. 83 kcal/350 kJ
6 g E · 5 g F · 4 g KH

Weiße-Bohnen-Salat

Dieser Salat wird überall auf dem Balkan gegessen.

Zutaten:
1 Dose weiße Bohnen
1 Zwiebel
2 Tomaten
2 Eier
6 El Öl
4 El Essig
Salz, Pfeffer
1/2 Bund Petersilie

1 Die Bohnen aus der Dose nehmen, in einem Sieb mit Wasser gründlich abspülen und abtropfen lassen.

2 Die Zwiebel schälen und würfeln. Die Tomaten waschen, halbieren, Stielansatz und Kerne entfernen und das Tomatenfleisch würfeln. Die Eier hart kochen und vierteln.

3 Für die Marinade Öl, Essig, Salz, Pfeffer, Zwiebel und gehackte Petersilie verrühren und die Bohnen damit anmachen.

4 Den Bohnensalat 3-4 Stunden zugedeckt durchziehen lassen. Vor dem Servieren die Tomatenstückchen und die Eiviertel vorsichtig unterheben.

Zubereitungszeit 25 Minuten
(plus Zeit zum Ziehen)
Pro Portion ca. 136 kcal/572 kJ
6 g E · 11 g F · 4 g KH

Dalmatinische Tomaten

Zutaten:
4 große Tomaten
Saft von 1 Zitrone
einige Sardellenfilets
4 Eier
1/2 Becher saure Sahne
Salz, Pfeffer
1 Bund Petersilie, grüne Oliven

1 Die Tomaten waschen, die Deckel abschneiden, das Innere mit einem Löffel auskratzen und die ausgehöhlten Tomaten innen mit Zitronensaft beträufeln.

2 Die Eier hart kochen. 1 Ei in Scheiben schneiden.

3 Die Sardellenfilets (Anzahl nach Geschmack) klein hacken, die drei anderen Eier zerkrümeln. Beides zusammen mixen und mit der Sahne verrühren. Die Masse mit Salz und Pfeffer abschmecken und die gehackte Petersilie bis auf einen kleinen Rest unterrühren.

4 Die Eimasse in die Tomaten füllen.

5 Die gefüllten Tomaten mit Eischeiben und Olivenhälften anrichten und den Teller mit einem Rest der Petersilie garnieren.

Zubereitungszeit 25 Minuten
Pro Portion ca. 36 kcal/149 kJ
4 g E · 1 g F · 3 g KH

Suppen und Eintöpfe

Soljanka

Die Soljanka war sozusagen der „Prototyp" aller Gerichte, die die Völkerfreundschaft mit der Sowjetunion in die DDR gebracht hat. Die große Beliebtheit der Soljanka ging aber nicht nur auf ihre attraktiven Zubereitungsmöglichkeiten zurück, sondern sie bot vor allem auch der großen Zahl der Kantinen – und auch den Restaurants – in der DDR die Möglichkeit, mit diesem Gericht ihre Reste verarbeiten zu können.

Zutaten:
2 Zwiebeln
100 g Speck
300 g Fleischeinlage (am besten herzhafte Rohwurst wie etwa Debrecziner, in der DDR nahm man Bockwurst)
4 kleine Salzgurken
1/2 Zitrone
100 g Tomatenmark
2 Knoblauchzehen
1 El edelsüßes Paprikapulver
11/2 l Fleischbrühe
Salz, Pfeffer
1 Lorbeerblatt
1 El Kapern
1/8 l saure Sahne

1 Die Zwiebeln schälen und klein schneiden, den Speck würfeln. Die Wurst in Scheiben schneiden. Die Gurken in Scheiben schneiden. Die Zitronenhälfte ebenfalls in Scheiben schneiden.

2 Den Speck in einem Topf auslassen, die Zwiebeln darin goldgelb rösten. Das Tomatenmark, den ausgedrückten Knoblauch, das Paprikapulver, die Wurst und die Gurken dazugeben und alles zusammen dünsten.

3 Die Brühe mit dem Lorbeerblatt über den Topfinhalt gießen und die Suppe 5 Minuten kochen, dann mit Salz und Pfeffer abschmecken.

4 Die Soljanka in eine Schüssel füllen, mit den Kapern bestreuen, die Zitronenscheiben einlegen. Kurz vor dem Servieren die saure Sahne hinein gießen.

Zubereitungszeit 35 Minuten
Pro Portion ca. 428 kcal/1796 kJ
21 g E · 32 g F · 12 g KH

Borschtsch

Borschtsch ist noch bekannter als die russische Kohlsuppe Stschi. Borschtsch wird mit Roter Bete gekocht – jeder Teller Suppe erhält zum Schluss einen Löffel saure Sahne als geschmacksgebende Verzierung. Rote Bete werden für Borschtsch in wenig Wasser gedünstet, wobei eine Essigzugabe empfohlen wird, um ihre Farbe zu erhalten. Gibt man Rote Bete roh in die Brühe, dann verändert sich die Färbung beim längeren Kochen. Statt des Dünstens können Rote Bete auch nur gründlich gewaschen und ungeschält im Ganzen mit wenig Wasser gekocht werden – man gibt sie dem Borschtsch dann geschält und geschnitten bei.

Zutaten:
500 g Suppenfleisch
300 g Rote Bete
200 g Wurzelwerk
1 Zwiebel
200 g Weißkraut
1 El Essig
1 El Zucker
2 El Tomatenmark
Salz, Pfeffer
1/8 l saure Sahne

1 Das Fleisch mit 1 1/2–2 l kaltem Wasser zum Kochen ansetzen, die Brühe abschäumen und dann auf kleiner Flamme weiterkochen.

2 Rote Bete schälen und in Stäbchen schneiden.

3 Das Wurzelwerk putzen, waschen und würfeln. Die Zwiebel schälen und klein schneiden. Das Weißkraut putzen und hobeln.

4 Das Wurzelwerk, die Zwiebel und die Rote Bete in etwas durchgeseihter Brühe halb gar dünsten. Das Weißkraut, Essig und Zucker zufügen, etwas Brühe aufgießen, das Tomatenmark dazugeben und alles fertig garen. Die Gemüsebrühe mit Salz und Pfeffer abschmecken.

5 Das Fleisch in mundgerechte Stücke schneiden und in die Brühe geben.

6 Zum Servieren die Suppe noch einmal kurz aufkochen und heiß in Teller füllen. Auf jeden Teller kommt der obligate Klacks saure Sahne.

Zubereitungszeit 1,5–2 Stunden
Pro Portion ca. 290 kcal/1218 kJ
28 g E · 14 g F · 12 g KH

Russische Nierensuppe

Russen lieben Innereien, in ganz besonderem Maße Nieren. Nieren sind von körniger Konsistenz und ausgeprägtem Geschmack. Sie müssen auf jeden Fall schlachtfrisch sein und sollten von jungen Tieren stammen. Bevorzugt werden Nieren vom Kalb oder Lamm, aber auch Hühnernieren ergeben pikante Gerichte.

Zutaten:
500 g Nieren
4 El Fettigkeit (Öl)
Wurzelwerk
250 g Zwiebeln
2 Gewürzgurken
4 Tomaten
Salz, Pfeffer, Edelsüßpaprika
3/4 l Fleischbrühe
1/8 l Sahne
125 g Nudeln

1 Die Nieren säubern, waschen, trocknen und in dünne Scheiben schneiden.

2 Das Wurzelwerk putzen und waschen. Die Zwiebeln schälen und in Ringe schneiden. Gurken und Tomaten würfelig schneiden.

3 Die Nierenscheiben im heißen Öl anbraten, aus der Pfanne nehmen und warm stellen.

4 Wurzelwerk und Zwiebeln kräftig würzen und in der Fleischbrühe 15 Minuten garen.

5 Die Nierenscheiben mit dem Gemüse 10 Minuten in der Suppe ziehen lassen. Danach die Sahne unterrühren.

6 Die Nudeln parallel in Salzwasser bissfest garen, abtropfen lassen und in die Suppe geben.

7 Zur Nierensuppe kann man kräftiges Graubrot reichen.

Zubereitungszeit 1 Stunde
Pro Portion ca. 430 kcal/1806 kJ
27 g E · 22 g F · 31 g KH

Sauerkrautsuppe

Das Rezept dieser herzhaften Sauerkrautsuppe stammt aus Jugoslawien.

Zutaten:
375 g Schweinefleisch
2 Zwiebeln
1 kleine Dose Sauerkraut
3 El Öl
1 El Mehl
2 Tl Edelsüßpaprika
3/4 l Fleischbrühe
4 Pfefferkörner
2 Würstchen
Salz, Pfeffer
1/2 Becher Crème fraîche

1 Das Schweinefleisch in mundgerechte Stücke schneiden.

2 Die Zwiebeln schälen und klein hacken. Das Sauerkraut grob zerpflücken.

3 Die Zwiebeln und das Fleisch in heißem Öl scharf anbraten, mit Mehl und Paprikapulver bestäuben und dabei immer umrühren. Das Sauerkraut, die Brühe und die Pfefferkörner dazugeben.

4 Die Sauerkrautsuppe 40 Minuten bei mittlere Hitze kochen. Kurz vor dem Kochende die Würstchen in der Suppe erwärmen.

5 Die Suppe mit Salz, Pfeffer und Paprikapulver abschmecken. Die Würstchen herausnehmen und in Scheiben schneiden.

6 Zum Servieren die Würstchenscheiben unterrühren, die Suppe auf 4 Suppenschalen verteilen und je einen Klacks Crème fraîche darauf geben. Dazu kann man ofenwarmes Weißbrot reichen.

Zubereitungszeit 1 Stunde 10 Minuten
Pro Portion ca. 206 kcal/864 kJ
26 g E · 10 g F · 3 g KH

Graupeneintopf

Ein fleischloses Gericht, das nicht nur in der Nachkriegszeit (und nicht nur in der DDR) gerne gegessen wurde – und heute mit dem untergehobenen Käse verfeinert wird.

Zutaten:

1 Zwiebel, 1 Knoblauchzehe
1 kleines Bund Petersilie
4 El Fettigkeit (am besten Butter)
300 g Perlgraupen
1 l Gemüsebrühe
1 El Tomatenmark
1 Tl getrockneter Liebstöckel
Salz, Pfeffer
75 g geriebener Käse

1 Zwiebel und Knoblauch schälen und klein hacken.

2 Die Petersilie waschen, trockenschütteln und fein hacken.

3 Die Butter in einem Suppentopf erhitzen, Zwiebel und Knoblauch darin andünsten. Die Graupen dazugeben und anschmoren.

4 Die Gemüsebrühe mit Tomatenmark, Liebstöckel, Salz und Pfeffer in einem anderen Topf aufkochen und zu den Graupen geben. Die Brühe mit den Graupen aufkochen lassen und 45 Minuten bei milder Hitze kochen, damit diese weich werden.

5 Den Graupentopf vom Herd nehmen, den Käse unterrühren, alles in Suppentassen, mit Petersilie bestreut, servieren.

Zubereitungszeit 1 Stunde 15 Minuten
Pro Portion ca. 368 kcal/1544 kJ
12 g E · 10 g F · 55 g KH

Stschi

Stschi ist die typische russische Kohlsuppe, die im Zuge der Völkerfreundschaft mit der Sowjetunion auch Einzug in die Kantinen und Haushalte der DDR fand.

Zutaten:
500 g Suppenfleisch
200 g Wurzelwerk (Sellerie, Möhre, Lauch)
1 Zwiebel
500 g Weißkraut
2 El Fettigkeit (Butter oder Margarine)
1 Lorbeerblatt
Salz
Pfeffer

1 Das Fleisch mit 1–1 1/2 l heißem Wasser zum Kochen aufsetzen.

2 Das Wurzelwerk putzen, waschen und würfeln. Die Zwiebel schälen und klein schneiden. Das Weißkraut putzen und hobeln.

3 Das Wurzelwerk und die Zwiebel in heißem Fett anrösten.

4 Das Fleisch nach 1 1/2 Stunden aus der Brühe nehmen und warm stellen.

5 Die Brühe in einen Suppentopf durchseihen. Das angeröstete Wurzelwerk mit der Zwiebel in die Brühe geben, das Weißkraut und das Lorbeerblatt zufügen und in der Brühe gar ziehen lassen. Die Brühe mit Salz und Pfeffer abschmecken.

6 Das Fleisch in mundgerechte Stücke schneiden und in die Brühe geben. Zum Servieren die Suppe noch einmal kurz aufkochen und heiß in Teller geben.

Zubereitungszeit 1 Stunde 40 Minuten
Pro Portion ca. 298 kcal/1249 kJ
30 g E · 16 g F · 9 g KH

Gemüse-Okroschka

Die russische Küche kennt eine Reihe kalter Suppen, die aus Kwas, dem traditionellen Brotgetränk hergestellt werden. Kwas konnte man früher schon in der DDR in Flaschen kaufen, inzwischen gibt es dieses Getränk überall im entsprechend sortierten Lebensmitteleinzelhandel. Schon bei der Zubereitung der Gemüse-Okroschka sollten alle Zutaten abgekühlt verwendet werden. Vor dem Servieren sollte man in die Suppe noch einige Eiswürfel legen.

Zutaten:

1 Rote Bete
1 Möhre
1–2 Gartengurken
1–2 Kartoffeln
1 Bund Schnittlauch
2 Eier
Salz, Senf
2 El saure Sahne
1 Tl Zucker
1 l Brot-Kwas, Dill

1 Die Rote Bete und die Möhre putzen, waschen, im Stück kochen und abkühlen. Die geschälte Rote Bete, die Möhre und die Gurken in kleine Würfel schneiden.

2 Die Kartoffeln waschen, schälen und reiben.

3 Den Schnittlauch klein schneiden, mit Salz vermischen und mit dem Messerrücken zerdrücken, damit er weich und saftig wird.

4 Die Eier hart kochen, Eiweiß und Eigelb trennen. Das Eiweiß in Stücke schneiden. Das Eigelb mit dem Senf vermengen.

5 Den zerriebenen Schnittlauch mit den Kartoffeln, dem Eigelb, der sauren Sahne, Zucker und Salz vermengen, mit Kwas auffüllen und die in Würfel geschnittene Rote Bete und Möhre sowie das klein geschnittene Eiweiß dazugeben.

6 Zum Servieren bestreut man die Gemüse-Okroschka mit fein gewiegtem Dill.

Anmerkung:

Brot-Kwas kann man auch selbst herstellen. Dazu benötigt man 1 kg Schwarzbrot, 500 g Zucker, 1 Zitronenschale, 25 g Bierhefe.

Zubereitung: Das Schwarzbrot in dünne Scheiben schneiden und in der Backröhre übertrocknen. Die Schwarzbrotscheiben in ein großes Gefäß legen und 12 Liter kochendes Zuckerwasser darüber gießen, die gebrühte Zitronenschale hinzufügen und das Ganze mit einem Tuch bedeckt 4–5 Stunden stehen lassen. Dann die Flüssigkeit durch ein Haarsieb in ein anderes großes Gefäß seihen und die zerquirlte Hefe in die Flüssigkeit einrühren. Alles weitere 4–5 Stunden zugedeckt stehen lassen, bis sich Schaum bildet. Die Flüssigkeit nochmals durchseihen und in Flaschen füllen, so dass oben 2 Zentimeter frei bleiben. In jede Flasche kommt 1 Rosine und 1 Reiskorn. Die Flaschen nun mit einem gebrühten Korken verschließen, um den eine Schnur gelegt wird. Die Flaschen müssen kühl aufbewahrt werden. In 2–3 Tagen ist der Kwas fertig.

Zubereitungszeit 40 Minuten
(plus Zeit zum Abkühlen)
Pro Portion ca. 196 kcal/823 kJ
7 g E · 4 g F · 25 g KH

Berliner Kartoffelsuppe

Kaiser Wilhelm II. liebte Kartoffelsuppe. Als Einlage bevorzugte er fein geschnittene Rinderbrust.

Zutaten:
600 g Kartoffeln
Wurzelwerk (Möhre, Lauch, Sellerie)
1 Zwiebel
60 g magerer Speck
1 1/2 l Rinderbrühe
1 Speckschwarte
1/2 Tl Kümmel
1 Lorbeerblatt
30 g Fettigkeit (Butter)
1 Bund Petersilie, 1 Tl Majoran
etwas kalte Butter
Salz, Pfeffer, Muskatnuss

1 Die Kartoffeln schälen, Wurzelwerk putzen und waschen. Die Zwiebel schälen und klein würfeln, mageren Speck von der Schwarte lösen und ebenfalls klein würfeln.

2 Die Hälfte des Wurzelwerks und den überwiegenden Teil der Kartoffeln grob würfeln, in die kochende Brühe geben, Schwarte, Kümmel, Lorbeerblatt hinzufügen. Die Brühe 20 Minuten kochen, danach durch ein Sieb passieren.

3 Den Rest vom Gemüse und von den Kartoffeln fein würfeln, in Butter anschwitzen und in der Brühe 30 Minuten kochen.

4 Zwiebeln und Speck mit dem Rest der Butter goldgelb braten, Majoran darüber streuen, unterrühren und alles in die Suppe geben.

5 Die Gewaschene und abgetrocknete Petersilie fein hacken mit etwas kalter Butter unter die Suppe geben und diese abschließend mit Salz, Pfeffer und Muskat abschmecken.

Anmerkung:
Die Kartoffelsuppe schmeckt noch intensiver, wenn man vor dem Durchstreichen eine Knoblauchzehe in die Brühe gibt.

Zubereitungszeit 1 Stunde 30 Minuten
Pro Portion ca. 221 kcal/926 kJ
9 g E · 8 g F · 27 g KH

Hechtklößchensuppe

Zutaten:
600 g Hecht (vom Fischhändler küchenfertig kaufen, die Gräten aber mitnehmen)
Salz, Pfeffer
1/4 l Sahne
4 Eigelb
1 Eiweiß
Wurzelwerk
1 Lorbeerblatt
1 l Brühe
50 g Butter
1 El gehackte Petersilie

1 Das Hechtfleisch durch den Fleischwolf drehen, salzen und pfeffern, mit etwas Sahne und zwei Eigelb verrühren und das geschlagene Eiweiß unterheben.

2 Mit den Gräten und einer Hälfte des vorbereiteten Wurzelwerkes (Lauch, Sellerie, Möhre etc.) mit der Brühe einen Fond kochen. Den Fond ohne Gräten und Lorbeerblatt durch ein Sieb passieren.

3 Die zweite Hälfte des Wurzelwerkes in kleine Würfel schneiden, in einem Topf mit Butter anschwitzen, dann den Fond zugeben und 20 Minuten kochen.

4 Mit einem Teelöffel aus der Hechtmasse Klößchen formen und 5 Minuten in dem Fond gar ziehen lassen.

5 Die verbleibenden zwei Eigelb mit der restlichen Sahne verquirlen und in die vom Herd genommene Suppe geben, mit Salz und Pfeffer abschmecken und mit Petersilie bestreut servieren.

Zubereitungszeit 1 Stunde 15 Minuten
Pro Portion ca. 505 kcal/2121 kJ
36 g E · 38 g F · 6 g KH

Kohlrübeneintopf

Zutaten:
1 kg Kohlrüben
500 g Kartoffeln
500 g durchwachsenes Schweinefleisch (am besten Schweinebauch)
3 Zwiebeln
3 El Schmalz
1/4 l Fleischbrühe
Salz, Pfeffer, Zucker

1 Die Kohlrüben und Kartoffeln schälen und würfeln. Das Fleisch in mundgerechte Stücke schneiden.

2 Die Zwiebeln schälen und klein würfeln, in einem großen Topf mit dem Schmalz glasig dünsten, Fleisch darin anbraten, Kohlrüben und Kartoffeln zugeben, umrühren, Brühe zugießen, mit Salz, Pfeffer und einer Prise Zucker würzen.

3 Den Eintopf unter gelegentlichem Rühren 1 Stunde bei schwacher Hitze kochen.

Anmerkungen:

Steckrüben, in Pommern auch „Wruken" genannt, waren als Notverpflegung der Bevölkerung im Ersten und nach dem Zweiten Weltkrieg in Verruf geraten. Zur DDR-Zeit waren sie noch reichlich vorhanden. Gerne wurden sie in der DDR als „Kohlrüben" bezeichnet – vielleicht um die Erinnerung an die schlechten Zeiten nicht aufkommen zu lassen. Kenner wussten aber mit dieser Rübe schmackhafte Gerichte, vor allem Eintöpfe, zuzubereiten.

Bei der vorpommerschen Variante des Kohlrübeneintopfes wird das Schweinefleisch gegen eine gepökelte Gänsekeule ausgetauscht. Dazu werden die zerteilten und entbeinten Gänsekeulen zuerst in Gänseschmalz angebraten und danach die anderen Zutaten beigegeben.

Zubereitungszeit 1 Stunde 30 Minuten
Pro Portion ca. 593 kcal/2489 kJ
32 g E · 36 g F · 35 g KH

Fischsoljanka

Zutaten:
2 Zwiebeln
2-4 El Fettigkeit (Butter oder Margarine)
2-4 El Tomatenmark
5 kleine Salzgurken
1 El Kapern
1 Lorbeerblatt, Petersilie, Dill
Pfeffer, Salz
1 Zitrone
500 g Fisch (Seefischfilet z.B. Kabeljau, Seelachs, Rotbarsch)
1 l Fischbrühe

1 Die Zwiebeln fein hacken, in heißem Fett goldbraun dünsten, Tomatenmark zugeben und weitere 5 Minuten dünsten. Fischbrühe zugeben, 10 Minuten durchkochen lassen, mit Salz und Pfeffer abschmecken.

2 Die Gurken halbieren, entkernen und in kleine Streifen schneiden. Zitrone schälen und in Scheiben schneiden. Petersilie und Dill waschen, trockenschütteln und fein hacken.

3 Den Fisch waschen, trocknen, in mundgerechte Stücke schneiden und in der Fischbrühe gar ziehen lassen.

4 Zum Anrichten in die Suppenteller je 1 Zitronenscheibe, 1 Tl gehackte Kräuter, einige Kapern, Gurkenstreifen und Fischfleischwürfel legen. Darüber die kochend heiße, mit Tomatenmark aromatisierte Fischbrühe geben. Zuletzt einen Tl saure Sahne oder Joghurt pro Teller zugeben.

5 Zur Fischsoljanka wird Brot gereicht. Das Rezept eignet sich sowohl als Vorspeise (in kleineren Portionen) als auch als Hauptgericht.

Anmerkung zu den Gurken:

In der russischen Küche wurden gerne Salzgurken für die Fischsoljanka verwendet – wem der Geschmack zu streng ist, kann auch Gewürzgurken dazu verwenden.

Anmerkung zur Fischbrühe:

In der DDR war es nicht einfach, Fischbrühe als Fertigprodukt zu kaufen, deshalb musste man die Brühe selbst herstellen. Hierzu benötigte man kleine Fische oder Fischkarkassen, die man sich dort besorgen konnte, wo es auch Frischfisch gab.
Kleine Zander oder Barsche werden geschuppt und ausgenommen. Von den Köpfen werden die Kiemen entfernt. Die Fischstücke werden mit Wurzelwerk, Zwiebelscheiben und Salz in kaltem Wasser aufgesetzt und 30–45 Minuten gekocht.
Nimmt man Karkassen, werden Rückrat und Gräten in Stücke zerteilt, von den Köpfen die Kiemen entfernt – alles zusammen wird 1 Stunde gekocht.
Die Brühe muss in jedem Fall durchgeseiht werden.
Heute kann man Fischbrühe bequem als Fischfond im Glas kaufen. Die Anwendung erfolgt entsprechend den Packungsangaben.

Zubereitungszeit 1 Stunde 30 Minuten
Pro Portion ca. 275 kcal/1155 kJ
28 g E · 14 g F · 9 g KH

Fischsuppentopf mit Nudeln

Zutaten:
600 g Fischfilet (z.B. Kabeljau, Seelachs etc.)
2 El Zitronensaft
3 Frühlingszwiebeln
2 Knoblauchzehen
30 g Fettigkeit (am besten Butter)
250 g Tomaten aus der Dose
1/2 l Gemüsebrühe
1 Dose Mais
1 El mildes Paprikapulver
100 g Fadennudeln
200 g Paprikastreifen aus dem Glas
1 El gehackter Dill

1 Das Fischfilet waschen, trockentupfen, mundgerecht würfeln, und mit Zitronensaft begießen.

2 Die Frühlingszwiebeln putzen und in Ringe schneiden, den Knoblauch schälen und zerdrücken. Beides im Topf in Butter andünsten, Tomaten mit Flüssigkeit sowie Brühe zufügen, dann aufkochen lassen.

3 Den Mais in einem Sieb gut abtropfen lassen, abspülen und dazugeben, alles mit Salz, Pfeffer und Paprika abschmecken.

4 Die Fischstücke in der Suppe 8–10 Minuten gar ziehen lassen.

5 In der Zwischenzeit die Nudeln nach Packungsanweisung kochen, abschütten und in die Suppe geben. Paprikastreifen ebenfalls zugeben und in der Suppe heiß werden lassen. Die Suppe mit Dill bestreuen und sofort heiß servieren. Dazu geröstete Weißbrotscheiben reichen.

Anmerkungen:
Die DDR Fernsehköche scheuten sich nicht davor, in ihren Rezepten auch Konserven zu verwenden. Mit der Öffnung der DDR nach Osten kamen nämlich vor allem Gemüsekonserven der verschiedensten Art in die Läden der DDR. Auch die Scheu vor Knoblauch ging durch den Umgang mit Balkanrezepten verloren.

Zubereitungszeit 40 Minuten
Pro Portion ca. 308 kcal/1292 kJ
31 g E · 9 g F · 25 g KH

Essig

Kartoffel- und Gemüsegerichte

Oel
Essig

Gefüllte Kartoffeln mit Salat

Die sandigen Böden der Mark Brandenburg sind nicht besonders ertragreich. Aber Kartoffeln wachsen hier umso besser. Dies hatte schon der Alte Fritz erkannt und deshalb den Kartoffelanbau gefördert. So zählen Kartoffeln, in den verschiedensten Variationen zubereitet, bis heute zu den Lieblingsspeisen der Berliner.

Zutaten:
8 große Kartoffeln
2 Eier
100 g durchwachsener Speck
100 g gekochter Schinken
100 g Fettigkeit (am besten Butter)
1 gewürfelte Zwiebel
2 El gehackte Petersilie
Salz, Pfeffer, Muskat
1 Salatkopf
Für die Salatsauce:
Wurzelwerk (Möhre, Sellerie)
2 El Öl, 2 El Essig
Salz, Pfeffer
1 El Schnittlauchröllchen
Radieschen

1 Die Kartoffeln waschen, trocknen und in Alufolie einwickeln. Die Zwiebel schälen und in Würfel schneiden. Eier hart kochen und klein hacken. Speck und gekochten Schinken in Würfel schneiden.

2 Die Kartoffeln im vorgeheizten Backofen bei 200 Grad (Gas: Stufe 3) 1 Stunde garen. Danach Kartoffeln pellen und die obere Rundung wie einen Deckel abschneiden. Den Bauch der Kartoffel mit einem Löffel aushöhlen.

3 Den gewürfelten Speck mit Butter in einer Pfanne anbraten, Zwiebelwürfel zugeben, bis sie goldgelb glasig gedünstet sind. Schinkenstücke mit den gehackten Eiern, der ausgekratzten Kartoffelmasse und der Petersilie in die Pfanne geben. Alles mit Salz, Pfeffer und Muskat abschmecken.

4 Die ausgehöhlten Kartoffelbäuche mit der pikanten Kartoffelmasse füllen und mit den abgeschnittenen Kartoffeldeckeln verschließen.

5 Die gefüllten Kartoffeln in einer Auflaufform erneut in den 200 Grad heißen Ofen geben und in 20 Minuten zu Ende garen.

6 Für die Salatsauce das Wurzelwerk säubern und in kleine Stücke schneiden. Mit wenig Wasser garen. Anschließend das Wasser abgießen, 4 El dabei zurückbehalten, Gemüse unter kaltem Wasser abschrecken. Gemüsefond mit Essig, Öl, Salz und Pfeffer verrühren, Schnittlauch und klein gehackte Radieschen je nach Belieben dazugeben. Gewaschene, getrocknete und gerupfte Salatblätter auf Salatteller drapieren, mit der Salatsauce anmachen und zu den heißen Kartoffeln servieren.

Zubereitungszeit 1 Stunde 35 Minuten
Pro Portion ca. 630 kcal/2646 kJ
23 g E · 31 g F · 63 g KH

Hoppel-Poppel

Natürlich lässt sich dieses Gericht auch in einer Pfanne zubereiten, aber besser ist es, zwei Pfannen zu benutzen. Trotzdem ist das Gericht unkompliziert und schnell gefertigt. Reste lassen sich so gut verwerten – ideal für die berufstätige Frau, wie es in der DDR eigentlich von Anfang an üblich war.

Zutaten:
800 g gekochte Kartoffeln
100 g durchwachsener Speck
350 g Schnitzelfleisch
125 g Fettigkeit (am besten Butter oder Butterschmalz)
2 Zwiebeln
1/2 Tl Kümmel
1/2 Tl Majoran
8 Eier
1 Bund Schnittlauch
Salz, Pfeffer

1 Die Kartoffeln pellen und in Scheiben schneiden. Speck würfeln. Fleisch in Streifen schneiden.

2 Die Kartoffeln in einer großen Pfanne kross zu Bratkartoffeln braten, salzen und pfeffern.

3 In einer zweiten großen Pfanne den Speck mit dem Fleisch anbraten, mit Kümmel, Majoran und Pfeffer würzen, leicht salzen.

4 Das Fleisch und die Bratkartoffeln auf beide Pfannen verteilt gut miteinander vermengen und zu Ende braten. Zum Schluss die mit einer Gabel verquirlten Eier darüber geben, alles gut miteinander vermengen und die Eier in der Masse zum Stocken bringen.

5 Hoppel-Poppel auf Tellern servieren und mit Fächern aus Gewürzgurken und Tomaten garnieren. Dazu passt ein grüner oder gemischter Salat. Ein wenig Bratensauce am Hoppel-Poppel kann auch nicht schaden.

Zubereitungszeit 45 Minuten
Pro Portion ca. 575 kcal/2415 kJ
43 g E · 30 g F · 33 g KH

Berliner Schmorgurken

Dieses Gurkengericht zeigt, wie sehr der Spreewald mit seiner reichen Gemüseernte die Berliner Küche beeinflusst hat. Man sollte aber anstelle der weniger intensiven Salatgurken die schönen Gartengurken nehmen. Früher waren deren Enden oft noch bitter und mussten abgeschnitten werden, diese Unart ist ihnen aber längst „rausgezüchtet" worden.

Zutaten:
500 g Gartengurken
75 g durchwachsener Speck
2 Zwiebeln
1 El Butter
1 EL Zucker
2 EL Essig
Salz, Pfeffer, Estragon, Dillblüten
1–2 Tl Speisestärke

1 Die Gurken schälen, halbieren, mit einem Löffel die Kerne auskratzen. Das Gurkenfleisch in dicke Scheiben schneiden.

2 Den Speck würfeln, Zwiebeln schälen und klein schneiden.

3 Die Butter in einem Schmortopf zerlassen, den Speck darin mit den Zwiebeln glasig braten.

4 Die Gurkenstücke mit einer Prise Zucker in den Topf geben und 20 Minuten zugedeckt schmoren. Je nach Geschmack mit Essig ablöschen und mit Salz, Pfeffer und den gehackten Kräutern würzen. Wem die Gurken noch zu fest sind, können diese noch einige Minuten weiter schmoren, evtl. etwas Wasser zugeben. Zum Schluss den Gurkensud mit etwas Speisestärke binden und abschließend abschmecken.

5 Zu diesen Schmorgurken passt ein paniertes Kotelett mit Salzkartoffeln.

Zubereitungszeit 45 Minuten
Pro Portion ca. 85 kcal/355 kJ
5 g E · 4 g F · 7 g KH

Leipziger Allerlei

Im Ursprung stellte das Leipziger Allerlei im sächsischen Großbürgertum den Zwischengang im Rahmen einer festlichen Menüfolge dar, für das junges Frühlingsgemüse Verwendung fand. Leider ist dieses feine Gericht, das in seiner edlen Form mit Krebsschwänzen und Morcheln serviert wurde, auch zum Dosenfertiggericht „verkommen".

Zutaten:
je 250 g grüne Bohnen, feine junge Erbsen, junge Karotten und Spargel
1 junger Blumenkohl
Salz, Pfeffer, Muskat
1/2 Tl Zucker
60 g Butter
40 g Mehl
4 El süße Sahne
1 Eigelb
500 g Kochmettwurst
1 Bund Petersilie

1 Das Gemüse putzen, waschen, mundgerecht zuschneiden und jedes für sich in einem Topf mit wenig Wasser, abgeschmeckt mit Salz, Pfeffer, Muskat und einer kleinen Prise Zucker „knackig" garen. Den Blumenkohl im Ganzen nur in Salzwasser kochen. Die Gemüse dann jeweils aus dem Topf nehmen und anschließend warm stellen. Die Brühen zusammengießen und aufbewahren.

2 Den größten Teil der Butter in einem Topf zerlassen und mit dem Mehl anschwitzen. Etwa 1/2 Liter Gemüsefond dazugeben und zu einer sämigen Sauce verrühren, mit dem Schneebesen glatt rühren, dann mit dem in Sahne verquirlten Eigelb legieren. Den Fond vom Herd nehmen.

3 Die Mettwurst pellen, in mundgerechte Scheiben schneiden und auf beiden Seiten mit der restlichen Butter braun braten.

4 Den Blumenkohl in die Mitte einer tiefen Servierplatte legen, die weiteren Gemüse attraktiv darum herum anordnen. Die Sauce darüber gießen, alles mit Petersilie garnieren. Zuletzt die gebratenen Mettwurstscheiben am Rand der Platte anrichten.

5 Das Leipziger Allerlei wird mit Butterkartoffeln serviert.

Anmerkung zur „edlen" Variante:
Flusskrebse säubern und in sprudelndem Salzwasser mit Kümmel etwa 5 Minuten garen. Danach die Mittelschwanzflosse abdrehen und den Darm herauszuziehen. Anschließend die Gemüseplatte mit den Krebsschwänzen und Krebsscheren garnieren.
Die Morcheln vierteln, gut waschen und einmal überbrühen, mit fein gewürfelten Schalotten in eine Pfanne geben und darin mit Butter dünsten. Die Morcheln zum Abschluss ebenfalls auf der Gemüseplatte drapieren.

Zubereitungszeit 1 Stunde 30 Minuten
Pro Portion ca. 680 kcal/2856 kJ
32 g E · 52 g F · 22 g KH

Gefüllte Zwiebeln

Ein nicht nur in der DDR beliebtes Gericht – auch bereitete die Zutatenbeschaffung eigentlich keine Probleme.

Zutaten:
4 große Gemüsezwiebeln
150 g Geflügelleber
50 g Speck
1 Eigelb
50 g Semmelbrösel
Salz, Pfeffer, Majoran
2 El Fettigkeit (Butter)
150 g geriebener Käse
1 ml Fleischbrühe

1 Die Zwiebeln schälen, Kappen abschneiden und in kochendem Wasser 10 Minuten blanchieren.

2 Die abgekühlten Zwiebeln aushöhlen (einen Rand von drei Schichten stehen lassen).

3 Das ausgehölte Zwiebelfleisch fein hacken.

4 Die Geflügelleber und den Speck pürieren (am besten in einem Mixer). Die Masse mit den Zwiebeln, dem Eigelb und den Semmelbröseln vermischen, mit Salz, Pfeffer und klein gehacktem Majoran kräftig würzen und in die ausgehöhlten Zwiebeln füllen.

5 Den Boden einer feuerfesten Form einfetten, die Zwiebeln hineinsetzen, mit Käse bestreuen, mit kleinen Butterflöckchen besetzen und alles im vorgeheizten Backofen bei 200 Grad (Gas: Stufe 3) etwa 15 Minuten schmoren lassen.

6 Die Brühe in die Auflaufform gießen und die Zwiebeln fest verschlossen 30 Minuten weiter gar schmoren, dabei hin und wieder mit dem Schmorsaft übergießen.

7 Zwiebeln aus der Form nehmen und warm stellen. Den Schmorsaft zu einer Sauce eindicken lassen und, falls erforderlich, abschließend mit Salz und Pfeffer abschmecken.

8 Zwiebeln auf Teller anrichten, die Sauce darüber geben und mit Kartoffelpüree servieren.

Zubereitungszeit 1 Stunde 10 Minuten
Pro Portion ca. 173 kcal/725 kJ
13 g E · 7 g F · 15 g KH

Kürbisgemüse

Während der Kürbis im Westen lange Zeit „untergetaucht" war und jetzt erst wieder eine Renaissance erlebt, hat er sich im Osten immer als beliebtes Gemüse halten können und wurde gerne auf der Datsche angebaut.

Zutaten:
1 Kürbis (1 kg)
1 Zwiebel
1 Knoblauchzehe
5 El Butterschmalz
5 El Mehl
1/2 Tl Currypulver
500 ml Gemüsebrühe
Salz
1 Tl Essig
250 g Schmand

1 Den Kürbis schälen, die weißen Innenfäden entfernen und das Fruchtfleisch in Würfel schneiden.

2 Die Zwiebel und die Knoblauchzehe schälen und beides fein hacken.

3 Das Butterschmalz in einem Topf erhitzen, Mehl einrühren und eine Schwitze herstellen. Zwiebel und Knoblauch dazugeben. Das Currypulver unterrühren. Alles mit Gemüsebrühe auffüllen und unter Rühren aufkochen lassen.

4 Den Kürbis in die Brühe geben, salzen, mit Essig abschmecken und weitere 15 Minuten garen lassen, bis der Kürbis weich ist. Zuletzt Schmand einrühren und das Gemüse noch einmal 3 Minuten köcheln lassen.

5 Das Kürbisgemüse passt hervorragend als Beilage zu gebratenem Fleisch.

Zubereitungszeit 1 Stunde 10 Minuten
Pro Portion ca. 373 kcal/1565 kJ
6 g E · 32 g F · 16 g KH

Ungarisches Rahmsauerkraut

Sauerkraut ist in allen Küchen Südeuropas vertreten. In Ungarn wird das Sauerkraut gerne mit saurer Sahne angemacht und mit Paprika gewürzt.

Zutaten:
1 Zwiebel
150 g Räucherspeck
60 g Fettigkeit (Butter und Öl bzw. Margarine)
2 El Mehl
1 kg Sauerkraut
Salz, Pfeffer, Wacholderbeeren
1 El Edelsüßpaprika
400 g Dauerwurst (am besten eine scharf gewürzte Gyualer Wurst)
1/8 l saure Sahne

1 Die Zwiebel schälen und klein hacken, den Speck würfeln.

2 Den Speck in einer Pfanne kurz anbraten, die Zwiebel dazugeben und mit Mehl und etwas Wasser eine Schwitze bereiten.

3 Das Sauerkraut in die Pfanne geben und gut mit dem Inhalt vermischen. Alles mit Salz, Pfeffer, einigen Wacholderbeeren und dem Paprikapulver würzen.

4 Das Sauerkraut mit ein wenig Wasser aufgießen und 1 Stunde lang weich dünsten.

5 Die Dauerwurst in Scheiben schneiden, unter das Sauerkraut mischen und 5 Minuten mitdünsten. Zum Schluss die saure Sahne unter das Sauerkraut geben.

6 Das Rahmsauerkraut in einer Schüssel servieren. Dazu passen knusprige Baguettescheiben.

Zubereitungszeit 1 Stunde 20 Minuten
Pro Portion ca. 735 kcal/3087 kJ
44 g E · 56 g F · 14 g KH

Letscho und Essig-Paprika

Zu DDR-Zeiten war es üblich, Gerichten Beilagen als Fertigprodukt beizugeben. Selbst der DDR-Fernsehkoch Kurt Drummer hat dies in manch einem der von ihm vorgestellten Rezepte getan und etwa mit Dosenfisch in Tomatensauce oder mit Letscho, jenem legendären ungarischen Gemüsegericht aus Tomaten und Gemüsepaprika, gearbeitet. Letscho oder auch Essig-Paprika kann man selbst herstellen.

Zutaten für Letscho:

750 g Tomaten
1 kg grüne Gemüsepaprika
150 g Zwiebeln
40 g Speck
80 g Fettigkeit (am besten Schweineschmalz)
Salz, Paprika

Zutaten für Essig-Paprika:

1,5 kg grüne, gelbe und rote Gemüsepaprika
einige dünne Meerrettichscheiben
1 l Essig
50 g Salz
10 g Zucker
5 Pfefferkörner

Zubereitung von Letscho:

1 Die Tomaten überbrühen, die Haut abziehen und vierteln.

2 Paprika waschen, längs halbieren, entkernen und in Streifen schneiden.

3 Die Zwiebel schälen und klein würfeln.

4 Den Speck in kleine Würfel schneiden und im eigenen Fett in der Pfanne ein wenig bräunen. Das Schweineschmalz und die Zwiebelwürfel dazugeben, mit dem Paprikapulver bestreuen, und alles kurz weiter dünsten.

5 Die Tomatenviertel und die Paprikastreifen in die Pfanne geben und sie so bissfest wie gewünscht dünsten.

Zubereitung der Essig-Paprika:

1 Paprika waschen, längs halbieren, entkernen, in grobe Streifen schneiden und in Einmachgläser einlegen. Zwischen die Streifen 1-2 Meerrettichscheiben legen.

2 Den mit 2 Liter Wasser verdünnten Essig salzen und mit Zucker und den Pfefferkörnern aufkochen.

3 Die Paprikastreifen im Glas mit Zahnstochern feststecken, damit sie nicht aufsteigen, wenn die Gläser mit dem ausgekühlten Essigwasser gefüllt werden.

4 Die Gläser fest verschließen und bis zum Verzehr kühl lagern.

Zubereitungszeit 30–40 Minuten
Pro Portion ca. 147 kcal/617 kJ
7 g E · 6 g F · 14 g KH

Gefüllte Paprikaschoten

Dieses ungarische Rezept hat wie so viele andere aus den Küchen der mit der DDR befreundeten Völker den Weg in die ostdeutschen Speisezettel gefunden.

Zutaten:
8 grüne Paprikaschoten
400 g Schweinehackfleisch
50 g Fettigkeit (Butter und Öl bzw. Margarine)
1 Zwiebel
1 zerdrückte Knoblauchzehe
Salz, Pfeffer
1 Ei
100 g gekochter Reis
Für die Sauce:
50 g Fettigkeit (am besten Butter)
1 El Mehl
Salz, Pfeffer
400 g Tomaten
etwas Butter

1 Die Paprikaschoten waschen, Stiele entfernen, einen Deckel abschneiden und innen sorgfältig entkernen. Die Zwiebel schälen und klein hacken. Tomaten kochen und passieren, salzen und pfeffern.

2 In einer Pfanne die Zwiebeln in Fett goldgelb braten, das Hackfleisch dazugeben und kurz anbraten, mit Salz, Pfeffer und der ausgedrückten Knoblauchzehe würzen. Das Fleisch mit dem Ei und dem gekochten Reis zu einer Masse verrühren, die in die Schoten gefüllt wird.

3 Für die Sauce aus Butter und Mehl eine Schwitze bereiten und mit den passierten Tomaten verrühren.

4 Die gefüllten Paprikaschoten in einen passenden ofenfesten, eingebutterten Topf füllen, die Sauce hineingeben und alles im Backofen bei 200 Grad (Gas: Stufe 3) 20–25 Minuten dünsten.

5 Zu den gefüllten Paprika passt körnig gekochter Butterreis.

Zubereitungszeit 50 Minuten
Pro Portion ca. 538 kcal/2258 kJ
26 g E · 34 g F · 32 g KH

Aschkloß

Der Aschkloß, auch Aschkuchen genannt, ist eine Thüringer Variante des Topfkuchens, der im Rheinland „Döppekoche“ genannt wird.

Zutaten:
2 kg Kartoffeln
2 El Mehl
Salz
250 g durchwachsener Speck
150 g entsteinte Backpflaumen
2 El Fettigkeit (Öl)
2 Brötchen
1 l Milch
2–3 Eier

1 Die Kartoffeln schälen und waschen. 1 1/2 kg Kartoffeln in Wasser reiben und gut auspressen. Den Rest der Kartoffeln kochen und danach durch eine Presse drücken.

2 Den Kartoffelbrei mit dem Mehl zu den geriebenen Kartoffeln geben, evtl. mit Salz abschmecken.

3 Den Speck würfeln, die Backpflaumen zerkleinern.

4 Den Speck und die zerkleinerten Pflaumen unter die Kartoffelmasse mischen.

5 Die beiden Brötchen in Scheiben schneiden. Die Milch mit den Eiern verquirlen, etwas salzen.

6 Einen Bräter mit Öl ausreiben und den Kartoffelteig einfüllen. Die Brötchenscheiben auf den Kartoffelteig legen und die verquirlte Milch darüber gießen.

7 Den Aschkloß im vorgeheizten Backofen bei 225 Grad (Gas: Stufe 4) etwa 1 Stunde backen.

8 Der aus dem Backofen genommene Aschkloß wird in Stücke von der Größe jeweils eines Brötchens geschnitten. Dazu reicht man in Thüringen eine Tasse Kaffee.

Zubereitungszeit 2 Stunden
Pro Portion ca. 478 kcal/2009 kJ
21 g E · 12 g F · 69 g KH

Buttermilchgetzen

Zutaten:
1, 2 kg Kartoffeln
Salz
1/4 l Buttermilch
80 g Fettigkeit (am besten Butter)

1 Zwei Drittel der Kartoffeln schälen und fein reiben. Von dem austretenden Wasser nur etwas abgießen.

2 Das letzte Drittel der Kartoffeln schälen, kochen und fein stampfen.

3 Beide Kartoffelmassen untereinander vermengen. Salz und Buttermilch zugeben und einen dicklichen, noch flüssigen Teig bereiten.

4 In einer Pfanne Butter erhitzen, die Teigmasse jeweils 1 1/2 Zentimeter dick einfüllen und so runde Pfannkuchen, die „Getzen", ausbacken.

5 Die Getzen möglichst kross servieren. Dazu reicht man Beerenkompott.

Anmerkung:
Dieses Gericht gehört zu den vielen Kartoffelvariationen, die es in Sachsen gibt. Die Getzen stammen aus dem Erzgebirge, wo der Kartoffelteig nicht in Butter, sondern in ausgelassenen Speckwürfeln gebacken wird.

Zubereitungszeit 30 Minuten
Pro Portion ca. 310 kcal/1302 kJ
8 g E · 9 g F · 47 g KH

Ungarische Pilzpfanne

Wie könnte es bei einem ungarischen Rezept auch anders sein – diese Pilzpfanne wird mit edelsüßem Paprikapulver gewürzt.

Zutaten:
1 Zwiebel
2 grüne Paprikaschoten
2 Tomaten
600 g Pilze (z. B. Champignons)
100 g Fettigkeit (Butter und Öl bzw. Margarine)
1 Knoblauchzehe
Salz, Paprikapulver
1/8 l saure Sahne
20 g Mehl
Petersilie

1 Die Zwiebeln schälen und klein würfeln. Die Paprika waschen, längs halbieren, entkernen und in Würfel schneiden. Die Tomaten überbrühen, häuten und in Scheiben schneiden.

2 Pilze putzen, feucht abtupfen und in feine Scheiben schneiden.

3 In einer Pfanne Fett erhitzen und die Zwiebeln darin andünsten. Danach fügt man die Paprika, die Tomaten und die Pilze hinzu und drückt den Knoblauch durch die Presse hinein. Alles zusammen wird jetzt mit Salz und dem Paprikapulver gewürzt.

4 Vor dem Servieren die saure Sahne mit etwas Mehl vermischen und unter die Pilzpfanne rühren.

5 Das Gericht in der Pfanne auf den Tisch stellen und frisches Brot dazu reichen.

Zubereitungszeit 40 Minuten
Pro Portion ca. 318 kcal/1333 kJ
11 g E · 26 g F · 10 g KH

Thüringer Klöße

Thüringer Klöße sind eine hervorragende Beilage zu jeder Art von Fleischgericht – zum Rind, zum Schwein, zum Wild wie auch zur Gans. Sie müssen eine schön feste Konsistenz haben, dürfen aber nicht zu fest sein. Sie werden noch leckerer, wenn man ihnen etwas geröstetes Brot in den Kloßkern steckt. Ein Hauch Grün in der Färbung steht ihnen gut, das verbürgt, dass die Klöße auch tatsächlich nur aus rohen Kartoffeln gefertigt wurden. Ein echter Thüringer Haushalt verfügt über einen festen Hanf- oder Leinensack, um die geriebenen Kartoffeln möglichst fest auszupressen.

Zutaten:
3 kg rohe, möglichst große Kartoffeln
Salz
1/2 l Milch
50 g Grieß
4 Brötchen
30 g Butter

1 Kartoffeln schälen und in kaltes Wasser reiben. Die Masse in ein Tuch füllen und fest auspressen, bis sie fast mehlig ist.

2 Die Kartoffelmasse dann in einer Schüssel zerkrümeln.

3 Milch und Grieß zu einem dünnen Brei kochen, den man über die Kartoffelmasse gibt. Das Ganze salzen.

4 Die Kartoffelmasse durcharbeiten, schlagen, kneten und mit nassen Händen runde Klöße daraus formen.

5 Brötchen in Brocken schneiden und in Butter kross rösten.

6 Mit zwei Fingern Löcher in die Klöße drücken und einige Brötchenbrocken hineingeben. Den Kartoffelteig darüber sorgfältig zusammendrücken.

7 Die Kartoffelklöße vorsichtig in einen großen Topf mit kochendem Salzwasser gleiten lassen. Das Wasser nun nur leicht sprudeln lassen, damit die Klöße nicht auseinander fallen. Die Klöße im Wasser 20 Minuten ziehen lassen, bis sie gar sind.

8 Die Klöße mit einer Schaumkelle aus dem sprudelnden Wasser nehmen und in eine Schüssel geben, in die eine Untertasse umgekehrt hinein gelegt wurde, damit die Klöße abtropfen können und nicht aneinander kleben.

Zubereitungszeit 50 Minuten
Pro Portion ca. 411 kcal/1727 kJ
12 g E · 6 g F · 74 g KH

Eier- und Geflügelspeisen

Paprikahähnchen

Kaum ein anderes Gericht ist so typisch für die ungarische Küche wie das Paprikahähnchen, das genauso gerne in der DDR gegessen wurde.

Zutaten:
1 küchenfertiges Brathähnchen (ca. 800 g)
Salz
150 g Räucherspeck
1 Zwiebel
1 Tl Edelsüßpaprika
etwas Brühe
1 Hühnerleber
1/4 l saure Sahne

1 Das Brathähnchen waschen, trockentupfen, salzen und in acht Teile zerteilen: die Flügel und die Keulen abtrennen, die Brust der Länge nach und den Rücken quer halbieren.

2 Die Zwiebel schälen und klein würfeln.

3 Den Speck würfeln und in der heißen Pfanne ausbraten, Zwiebeln dazugeben und goldbraun rösten. Die Pfanne vom Herd nehmen, das Paprikapulver einstreuen, die Hähnchenteile in die Pfanne geben und anbraten. Soviel Brühe, wie erforderlich, zugießen.

4 Die Hähnchenteile zugedeckt bei kleiner Hitze 1 Stunde dünsten, dabei die Teile gelegentlich wenden. Kurz bevor die Teile gar sind, auch die Leber in der Pfanne mitgaren. Zum Schluss gibt man die saure Sahne dazu und lässt alles noch einmal aufkochen.

5 Das Paprikahähnchen heiß, auf einer Platte angerichtet, servieren. Als „Sättigungsbeilage" eignen sich Spätzle oder Reis.

Zubereitungszeit 1 Stunde 30 Minuten
Pro Portion ca. 239 kcal/1002 kJ
22 g E · 14 g F · 5 g KH

Ungarische Gänseleber

Die in den Dörfern herum laufenden Gänse sind ein „Markenzeichen" Ungarns. Die Gänseleber ist die größte Delikatesse dieses Federviehs.

Zutaten:
1 Gänseleber (ca. 800 g)
100 g Gänsefett
Salz
2 Zwiebeln
1 Tl Edelsüßpaprika

1 Die Zwiebeln schälen, eine Zwiebel würfeln, die andere Zwiebel in Ringe schneiden.

2 Die Gänseleber in 1–1 1/2 Zentimeter dicke Scheiben schneiden und gut 5 Minuten im Gänsefett braten. Danach die Leber aus der Pfanne nehmen und warm stellen.

3 Die klein gehackte Zwiebel im Bratenfond dünsten, die Pfanne vom Feuer nehmen, das Paprikapulver einstreuen und die Zwiebeln nochmals erhitzen.

4 Zum Anrichten die Gänseleber auf eine Platte legen, den Fond darüber gießen und die Leber mit rohen Zwiebelringen belegen. Dazu reicht man geröstetes Weißbrot.

Zubereitungszeit 30 Minuten
Pro Portion ca. 493 kcal/2063 kJ
37 g E · 34 g F · 12 g KH

Eier und Kartoffeln mit Kräuterquark

Zutaten:
1 kg Kartoffeln (mittelgroß, fest kochend)
500 g Speisequark (40% F.i.Tr.)
4 El saure Sahne
1 El Zitronensaft
1/2 Tl abgeriebene Zitronenschale
Salz, Pfeffer
8 Eier
6 El gehackte Kräuter (Petersilie, Schnittlauch, Dill)

1 Die Kartoffeln schälen, waschen und etwa 20 Minuten in Salzwasser kochen.

2 Den Quark mit saurer Sahne verrühren. Den Hauptteil der Kräuter, Zitronensaft und Zitronenschale unter den Quark mischen. Mit Salz und Pfeffer abschmecken.

3 Die Eier in kochendem Wasser 8 Minuten hart kochen, kalt abschrecken, pellen und halbieren.

4 Die Kartoffeln mit Eierhälften und dem Rest der Kräuter auf Tellern anrichten.

Varianten:
Den Quark nicht mit Kräutern, sondern mit 1 El mittelscharfem Senf und gehackten Kapern bzw. mit 2 El geriebenen Meerrettich und 1 El Tomatenmark anmachen.

Anmerkung:
Auch die Quark-Variationen sind schnell zuzubereiten – ein praktisches Gericht für den Abend. Da frische Zitronen nicht immer zu haben waren, musste es auch ohne geriebene Zitronenschale gehen.

Zubereitungszeit 30 Minuten
Pro Portion ca. 473 kcal/1985 kJ
38 g E · 15 g F · 45 g KH

Hühnerfrikassee

Die Hugenotten, denen in Brandenburg wegen der Religionskriege in Frankreich eine neue Heimat geboten wurde, brachten dieses Rezept aus ihrer Heimat mit. Heute wird Hühnerfrikassee in ganz Deutschland gegessen.

Zutaten:
Wurzelwerk (Sellerie, Lauch, Möhren)
2 Zwiebeln
1 küchenfertiger Broiler (ca. 1000–1200 g)
1 Lorbeerblatt
Salz, Pfeffer
250 g Spargel (außerhalb der Saison aus der Dose)
Zucker
250 g Champignons
1 El Butter
Für die Sauce:
50 g Butter
40 g Mehl
100 cl Weißwein
Saft und geriebene Schale von 1 Zitrone
Picnic-Sauce (Worcestersauce)
Zucker, Salz, Pfeffer
2 Eigelb
100 ml Sahne
Petersilie, Kapern

1 Das Wurzelwerk putzen, waschen und würfeln. Die Zwiebeln schälen und vierteln.

2 Den Broiler in einen passenden Topf geben, mit Wasser bedecken, salzen, pfeffern und mit dem Wurzelwerk, den Zwiebeln und dem Lorbeerblatt gut 1 Stunde bei schwacher Hitze gar kochen.

3 Den Spargel in leicht gesalzenem und gezuckertem Wasser bei schwacher Hitze ca. 15 Minuten gar kochen.

4 Die Champignons in einer Pfanne mit Butter leicht andünsten.

5 Für die Sauce aus der Butter und dem Mehl eine helle Schwitze machen. Diese mit etwas Hühnerbrühe, Spargelwasser und Wein auffüllen. Dann den Spargel und die Pilze zugeben. Die Sauce mit Zitronensaft und –schale, Worcestersauce, einer Prise Zucker, Salz und Pfeffer würzen. Zum Schluss die Sauce mit 2 Eigelb und Sahne verquirlen (die Sauce darf dabei nicht mehr aufkochen!).

6 Den gekochten Broiler aus dem Topf nehmen, das Fleisch von den Knochen lösen, würfeln und in die heiße Sauce geben.

7 Das Hühnerfrikassee in einer Schüssel anrichten, einige Kapern darüber geben und mit gehackter Petersilie garnieren. Als Beilage gibt es Butterreis.

Zubereitungszeit 1 Stunde 30 Minuten
Pro Portion ca. 710 kcal/2982 kJ
57 g E · 46 g F · 15 g KH

Gebratener Broiler

Zutaten:
1 kleine Zwiebel
1 Möhre
50 g Butter
1/2 Tl edelsüßes Paprikapulver
1 Broiler (gut 1000 g)
Salz, Pfeffer
1/l Hühnerbrühe

1 Die Zwiebel schälen und in grobe Stücke schneiden, die Möhre grob schneiden.

2 10 Gramm Butter mit dem Paprikapulver vermengen.

3 Den Broiler waschen, trockentupfen, innen und außen mit Pfeffer einreiben. Flügel am Rücken verschränken, Schenkel zusammenbinden.

4 Den Broiler mit der Brust nach unten in einen Bräter legen, mit zerlassener Butter übergießen, Zwiebel und Möhre zugeben und in den auf 220 Grad vorgeheizten Backofen schieben.

5 Den Broiler nach 30 Minuten im Bräter wenden, mit etwas Brühe übergießen und die Hitze leicht reduzieren. Den Broiler weitere 30 Minuten gar braten und mehrmals mit der Paprikabutter bestreichen. Bei Bedarf Brühe nachgießen.

6 Nach 1 Stunde den Broiler aus dem Ofen nehmen und warm stellen.

7 Den Bratensatz aus dem Bräter mit etwas Brühe aufkochen, durch ein Sieb in einen Saucentopf geben und kurz einkochen.

8 Den Broiler tranchieren und auf einer vorgewärmten Platte anrichten. Sauce dazu in einer Sauciere servieren. Als Sättigungsbeilage passen Knödel oder Petersilienkartoffeln mit einem grünen Salat dazu.

Zubereitungszeit 1 Stunde 40 Minuten
Pro Portion ca. 667 kcal/2804 kJ
68 g E · 39 g F · 13 g KH

Eier in Senfsauce

Ein beliebtes Kantinengericht, das früher die Gaumen in West und Ost „erfreut" hat. Vielleicht werden alte Erinnerungen wach, wenn man es noch einmal zubereitet. Übrigens – mit Sahne schmeckt die Senfsauce richtig lecker.

Zutaten:
8 Eier
2 Zwiebeln
5 El Butter
3 El Mehl
250 ml Gemüsebrühe
200 g Sahne
2 El kräftigen Senf
Salz, Pfeffer
2 El gehackte Petersilie

1 Die Eier hart kochen und abschrecken.

2 Die Zwiebeln schälen und klein hacken.

3 Die Butter in einem Topf erhitzen, die Zwiebeln darin andünsten. Das Mehl einrühren und anschwitzen. Den Topf mit Brühe und Sahne auffüllen. Alles aufkochen lassen und unter Rühren zu einer Sauce andicken.

4 Den Senf in die Sauce rühren, mit Salz und Pfeffer abschmecken.

5 Die Eier schälen und halbieren, in die Sauce geben und einige Minuten ziehen lassen.

6 Eier in Senfsauce mit Petersilie bestreuen und mit Salzkartoffeln servieren. Gut passt ein grüner Salat dazu.

Zubereitungszeit 35 Minuten
Pro Portion ca. 463 kcal/1943 kJ
18 g E · 40 g F · 8 g KH

Broilerragout

Zutaten:
250 g Reis
600 g Broilerbrustfilet
2 Paprikaschoten
1 Bund Petersilie
2 El Fettigkeit (Öl)
Salz, Pfeffer
300 ml Geflügelbrühe
3 El Sahne

1 Den Reis nach Packungsangabe zubereiten.

2 Das Broilerfleisch unter fließendem Wasser säubern, trocknen und anschließend in mundgerechte Stücke schneiden.

3 Die Paprika waschen, längs halbieren, entkernen und fein würfeln. Petersilie waschen, trockenschütteln und hacken.

4 Die Hälfte des Öls in einem Topf erhitzen, das Fleisch darin etwa 3 Minuten anbraten, salzen, pfeffern, herausnehmen und warm stellen.

5 Die Paprika im restlichen Fett andünsten, Fleisch hinzufügen, Brühe zugießen und 3 Minuten kochen lassen, Sahne einrühren und nochmals erhitzen.

6 Reis und die fein gehackte Petersilie unter das Ragout mengen und anrichten.

Anmerkung:
Schneller ging's mit Kuko-Reis, dem Kurzkochreis im Kochbeutel, der den Hausfrauen in der DDR viel Arbeit abnahm. Den gegarten Kuko-Reis musste man nur noch gut abtropfen lassen.
Broiler gibt's nicht mehr im Handel. Anstelle des Broilers muss man nun Poularden nehmen. Den Begriff „Goldbroiler" hat sich im Übrigen ein cleverer Erfurter auf seinen Namen schützen lassen. Er betreibt inzwischen in seiner Heimatstadt eine „Goldbroiler-Bar", wie es sie zu DDR-Zeiten allerorten gab.

Zubereitungszeit 35 Minuten
Pro Portion ca. 410 kcal/1722 kJ
41 g E · 4 g F · 52 g KH

Pommerscher Gänsebraten

Zutaten:
6–8 säuerliche Äpfel (z. B. Boskop)
1 Scheibe geriebenes Schwarzbrot
1 ausgenommene junge Gans (ca. 3 kg)
2 El Rosinen
2 El Zucker
1/8 l Fleischbrühe
2 El Mehl
Salz, Pfeffer

1 Die Äpfel schälen, in Achtel schneiden, Kerngehäuse entfernen und Apfel in Spalten schneiden. Das geriebene Schwarzbrot mit den Rosinen, Apfelspalten, Salz und Zucker mischen.

2 Die Gans waschen und trocknen, innen und außen mit Salz einreiben, die Bauchhöhle der Gans mit der Apfelscheibenmasse füllen. Die Bauchhöhle mit Stäbchen verschließen, die Flügel verschränken, die Keulen mit Küchengarn am Körper anbinden (dressieren – siehe Anmerkung rechts).

3 Die Gans mit der Brust nach unten auf den Grillrost des vorgeheizten Backofens legen, 1/2 l heißes Wasser in die Bratenpfanne geben, die Gans bei 200 Grad (Gas: Stufe 3) braten, nach 1 Stunde wenden und dann 1 – 1 1/2 Stunden weiterbraten. Die Keulen während des Bratvorgangs einstechen, um das Fett ausbraten zu lassen. Das ausgetretene Fett abschöpfen, die Gans immer wieder mit Bratensaft begießen.

4 Die Füllung mit zwei Löffeln aus der Gans entfernen, Gans und Füllung warm stellen. Etwas Füllung in den Bratenfond geben und gut durchkochen lassen. Die Sauce durch ein Sieb streichen und getrennt zur Gans reichen.

5 Pommerscher Gänsebraten wird traditionell mit Salzkartoffeln und Rotkohl serviert.

Anmerkungen:
Die Gans wird besonders kross, wenn die Brust am Ende des Bratvorgangs noch mit Salzwasser bestrichen wird – dazu muss die Hitze im Backofen noch einmal kurz hoch gestellt werden.

Geflügel muss zum Braten dressiert werden. Dazu werden die Flügel auf dem Rücken verschränkt, die Keulen an den Rumpf gepresst und mit einem Faden fest gebunden. Dadurch behält das Geflügel beim Braten seine Form und weil Flügel und Keulen nicht abstehen, können sie nicht vorzeitig bräunen oder gar schwarz werden.

Zubereitungszeit bis zu 3 Stunden
Pro Portion ca. 1830 kcal/7686 kJ
80 g E · 156 g F · 32 g KH

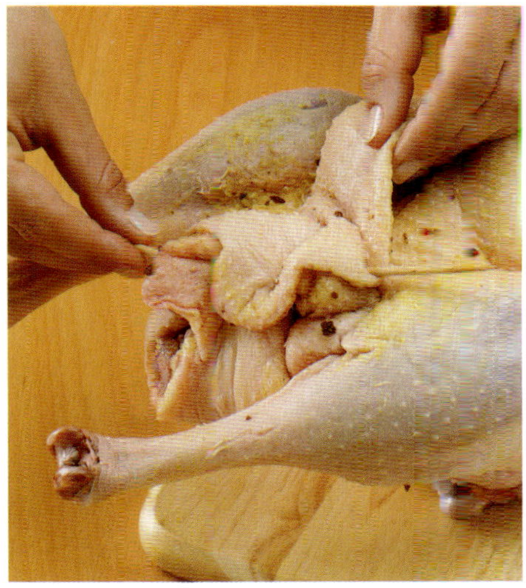

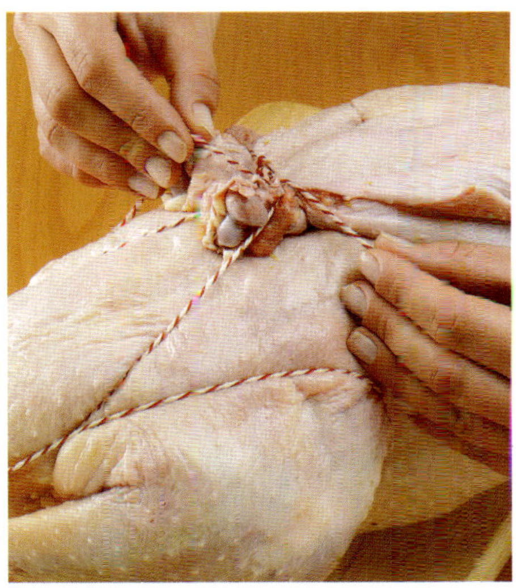

Teltower Rübchen mit gepökelten Gänsekeulen

Auch dieses Gericht zählt zu den typischen Berliner Rezepten. Die gepökelten Gänsekeulen beziehen die Berliner aus Vorpommern, die Teltower Rübchen aus dem märkischen Umland. Die Teltower Rübchen sind eine würzige Zuchtform der weißen Rübe und müssen unbedingt in karamellisiertem Zucker zubereitet werden – dann entfalten sie ihren ganzen Geschmack.

Zutaten:
800 g Teltower Rübchen
1 Zwiebel, 1 Möhre
4 gepökelte Gänsekeulen
60 g Gänseschmalz
1 El Zucker
1 El Mehr
Salz, Pfeffer

1 Die Teltower Rübchen schälen und wenn nötig längs halbieren.

2 Die Zwiebel schälen und die Möhre putzen.

3 Die Gänsekeulen mit Zwiebel und Möhre in ausreichend Salzwasser 1 1/2 Stunden weich kochen.

4 1/2 Stunde nach dem Aufsetzen der Gänsekeule das Schmalz in einem Schmortopf erhitzen und den Zucker darin anbräunen. Die Rübchen hinzufügen und alles mit etwas Gänsesud aufgießen. Den Topfinhalt gut umrühren und bei geschlossenem Deckel etwa 45 Minuten bei schwacher Hitze gar kochen. Am Ende die Rübchen im offenen Topf kräftig schütteln, bis sie ganz von der eingekochten Sauce umhüllt sind.

5 Zum Schluss die Gänsekeulen noch etwas mitschmoren lassen. Zum Servieren mit Salz und Pfeffer abschmecken.

Zubereitungszeit 1 Stunde 45 Minuten
Pro Portion ca. 573 kcal/2405 kJ
25 g E · 43 g F · 23 g KH

Stubenküken auf Hagebuttenkompott

Dieses Gericht ist in seiner Kombination typisch für die Ostseeküsten-Region, wo ohnehin gerne mit süßen Zutaten gearbeitet wird. Seit in der DDR die Geflügelzucht industrialisiert wurde, waren Stubenküken aber schwerer erhältlich.

Zutaten für die Küken:

4 bratfertige Stubenküken (600 g)
100 g Butter, 1 El Butterschmalz
1/8 l Geflügelbrühe
Salz, Pfeffer

Zutaten für das Kompott:

500 g Hagebutten
1/4 l Weißwein
200 g Zucker
Schale von 1 Zitrone

1 Die Küken innen und außen waschen, trocknen, leicht salzen. Die Flügel mit Küchengarn am Körper anbinden.

2 Butter und Butterschmalz im Topf erhitzen und die Küken darin 15 Minuten braten. Anschließend herausnehmen und warm stellen.

3 Den Bratenfond mit Geflügelbrühe aufkochen und etwas reduzieren, mit Salz und Pfeffer abschmecken.

4 Für das Kompott die Hagebutten durchschneiden, Kerne entfernen, die Hälften waschen und abtrocknen.

5 Die Hagebuttenhälften mit Wein, Zucker und der geriebenen Zitronenschale 20 Minuten köcheln und evtl. noch mit Zucker abschmecken.

Anmerkung:

Reicht man das Hagebuttenkompott als Nachtisch, so kann man dies vor dem Servieren noch mit einem Aquavit (heute nimmt man am besten einen Pflaumenschnaps) verfeinern.

Zubereitungszeit 45 Minuten
Pro Portion ca. 813 kcal/3413 kJ
38 g E · 38 g F · 75 g KH

Gänseschwarzsauer

Ein original pommersches Rezept – nicht jedermanns Sache. Aber es geht auch einfacher, wie in der Anmerkung beschrieben.

Zutaten:
Gänseklein (Füße, Innereien, Kopf, Hals, Flügel, Magen)
Für die Brühe:
1 Wurzelwerk, 1 Zwiebel, 1 Lorbeerblatt, 6 Pimentkörner, Salz, Pfeffer
Für das Backobst
500 g Backobst, 1 El Zucker, Nelkenpulver, 1 Stück Zimtstange, Schale von 1/2 Zitrone
Für das Schwarzsauer:
1/4 l Gänseblut, 500 g Backobst, 2 El Mehl, Essig

1 Das Backobst über Nacht in Wasser einweichen.

2 Das Gänseklein vorbereiten (Krallen von den Füßen schneiden und Haut abziehen, Innenhaut des Magens entfernen, Augen und Schnabel aus dem Kopf entfernen, Hals und Flügel in Stücke schneiden). Das Wurzelwerk putzen, waschen und klein schneiden. Die Zwiebel schälen und ebenfalls klein schneiden. Gänseklein mit dem Wurzelwerk, der Zwiebel und den Gewürzen 2 Stunden knapp bedeckt mit Wasser kochen. Falls auch eine Leber vorhanden ist, diese erst 15 Minuten vor Schluss beigeben.

3 Das Fleisch von den Gänsekleinstücken lösen, warm stellen. Gänsekleinbrühe durchsieben.

4 Das eingeweichte Backobst mit Zucker, Nelkenpulver, Zimt und Zitronenschale gar kochen. Zimtstange und Zitronenschale entfernen.

5 Die Brühe zum Backobst gießen. Blut mit Mehl verrühren, in die Brühe geben, einmal zum Binden aufkochen. Mit Essig süß-sauer abschmecken.

6 Zum Anrichten das Backobst in Schwarzsauer in eine Schüssel geben, Fleisch in eine Schüssel geben und mit Salzkartoffeln oder mit Mehlklößen, wie in Pommern üblich, servieren.

Anmerkungen:
Früher wurde beim Schlachten das Gänseblut aufgefangen und sofort mit etwas Essig verrührt, so dass es dann einige Tage haltbar blieb.
Gänseblut ist heute – wenn überhaupt – nur durch Vorbestellung beim Metzger, der auch Frischgeflügel führt, zu erhalten. Schweineblut tut es zur Not auch. Wer sich vor dem Umgang mit Blut scheut, kann ersatzweise frische ungebrühte Blutwurst aus der Pelle in die Brühe drücken und darin verrühren.
Wer die Vorbereitung des frischen Gänsekleins scheut, kann Fleisch aus der Keule mundgerecht zuschneiden – nur ist es dann eben nicht mehr das original pommersche Rezept.

Zubereitungszeit bis zu 4 Stunden (plus Einweichzeit)
Pro Portion ca. 878 kcal/3686 kJ
22 g E · 19 g F · 147 g KH

Fleisch-gerichte

Kalbspörkölt

Pörkölt ist im Gegensatz zu den anderen ungarischen Paprikagerichten durch einen intensiven Zwiebelgeschmack charakterisiert.

Zutaten:
600 g Kalbfleisch
200 g Zwiebeln
2 Tomaten
2 grüne Paprikaschoten
100 g Fettigkeit (Butter mit Öl gemischt bzw. Margarine)
30 g Edelsüßpaprika
Salz

1 Das Kalbfleisch in Würfel schneiden.

2 Die Zwiebeln schälen und klein würfeln. Die Tomaten überbrühen, die Haut abziehen und in Scheiben schneiden. Die Paprika waschen, längs halbieren, entkernen und in Würfel schneiden

3 Die Zwiebeln im Fett goldgelb dünsten, vom Herd nehmen, Paprikapulver einstreuen und das Fleisch dazugeben. Mit Salz würzen, ein wenig Wasser auf das Fleisch gießen, das nun 30 Minuten langsam halb gar dünstet. Dabei evtl. Wasser nachgießen.

4 Dem halb garen Fleisch die Paprikawürfel und Tomatenscheiben zugeben.

5 Das Pörkölt noch 20 Minuten fertig dünsten. In Ungarn ist man zum Pörkölt gerne tarhonya.

Anmerkung:

Die tarhonya genannten Eiergraupen sind in der Sonne getrocknete Teigkörnchen aus Weizenmehl und Eiern.

Zutaten für tarhonya:
500 g Mehl, 5 Eier, 100 g Fett, 1 Zwiebel, Petersilie, Salz

Zubereitung von tarhonya:
Mehl und Eier zu einem Teig kneten, der in Stücke geschnitten, dann eine Stunde ausgetrocknet und ganz klein zerstückelt wird. Die Stücke werden letztendlich durch ein grobes Drahtsieb gedrückt. Die so entstandenen Graupen lässt man einen Tag trocknen. Für die Fertigstellung röstet man die fein gehackten Zwiebeln, streut gehackte Petersilie ein und röstet die tarhonya darin kurz an. Dann gibt man auf 1 Tasse tarhonya 2 Tassen Wasser zu, salzt das Gemisch, lässt es aufkochen und dann 20 Minuten dünsten – fertig ist die Beilage zum Pörkölt.

Zubereitungszeit 1 Stunde 30 Minuten
Pro Portion ca. 325 kcal/1365 kJ
31 g E · 20 g F · 6 g KH

Szegediner Gulasch

Dieses Gulasch-Rezept ist typisch für die in der DDR aus Osteuropa übernommene Kochkultur. Das Szegediner Gulasch erhält durch die Beigabe von Sauerkraut seinen „Charakter" und erst durch Rosenpaprika sein schönes „feuriges Aussehen".

Zutaten:
600 g Schweineschulter (ohne Knochen)
300 g Zwiebeln
60 g Fettigkeit
10 g Rosenpaprika
Salz, Kümmel
1 Knoblauchzehe
500 g Sauerkraut
Mehl
1/8 l saure Sahne

1 Das Fleisch in grobe Würfel schneiden.

2 Die Zwiebeln schälen, grob würfeln und in einer großen Pfanne im Bratfett goldgelb rösten. Die Pfanne vom Feuer nehmen, Paprika einstreuen und mit etwas Wasser ablöschen.

3 Das Fleisch mit Salz, Kümmel und der zerdrückten Knoblauchzehe dazugeben. Alles zusammen 30 Minuten dünsten, bis das Fleisch halb gar ist.

4 Nun das Sauerkraut dazugeben und alles weitere 30 Minuten dünsten.

5 Zum Schluss die mit etwas Mehl verrührte saure Sahne untermischen und einige Minuten ziehen lassen.

6 Zum Servieren das Gulasch rustikal in der Pfanne auf den Tisch bringen oder in eine Schüssel umfüllen.

Zubereitungszeit 1 Stunde 30 Minuten
Pro Portion ca. 445 kcal/1869 kJ
35 g E · 29 g F · 9 g KH

Mecklenburger Rippenbraten

Der mecklenburgische Sandboden lässt die Bäume nicht in den Himmel wachsen – deshalb haben seine Bewohner gelernt, auch aus bescheideneren Zutaten schmackhafte Mahlzeiten zuzubereiten. Dabei teilen die Mecklenburger den Hang zum Süßen mit allen anderen Norddeutschen.

Zutaten:
2 kg leicht gepökelte Schweinerippe
250 g Backpflaumen
3–4 Äpfel
2 El Semmelbrösel
1 El Zucker
Salz, Pfeffer
50 g Schmalz
1/2 l Fleischbrühe
1 El Mehl

1 Die Schweinerippe vom Metzger leicht einknicken lassen, so dass sie übereinander gelegt werden kann.

2 Die Backpflaumen einweichen, Äpfel waschen, trockenreiben, das Kerngehäuse entfernen und das Fruchtfleisch würfeln.

3 Eine Hälfte der Schweinerippe mit den Backpflaumen sowie den Apfelstücken belegen, Semmelbrösel und Zucker darüber streuen. Das andere Rippenstück darüber klappen und den Braten salzen und pfeffern.

4 Das Schmalz im Schmortopf zerlassen, den Rippenbraten darin anbraten. Brühe zugießen und den Braten im vorgeheizten Ofen zugedeckt bei 225 Grad etwa 2 Stunden schmoren lassen. Bratensaft mit Mehl binden.

5 Den Mecklenburger Rippenbraten serviert man mit Salzkartoffeln und Gemüse der Saison.

Zubereitungszeit 2 Stunden
Pro Portion ca. 975 kcal/4095 kJ
116 g E · 33 g F · 53 g KH

Esterházy Rostbraten

Das Adelsgeschlecht der Esterházy stellte die reichsten Fürsten im Ungarischen Reich. Dieses Gericht soll auf einen Koch im fürstlichen Stammsitz der Esterházy zurückgehen.

Zutaten:
250 g Wurzelwerk (Möhre, Lauch, Sellerie, Petersilie)
2 Zwiebeln
4 Stück Rostbraten
Salz, Pfeffer
80 g Fettigkeit (am besten Butterschmalz)
20 g Edelsüßpaprika
etwas Mehl
etwas Fleischbrühe
1 Tl Kapern
Zitronensaft
1/4 l saure Sahne

1 Das Wurzelwerk putzen, waschen und klein schneiden. Die Zwiebeln schälen und würfeln.

2 Die Rostbraten an den Rändern einschneiden, flach klopfen, salzen und pfeffern, im heißen Fett von beiden Seiten anbraten und dann aus der Pfanne nehmen.

3 Im Bratfond das Wurzelgemüse mit den Zwiebeln anrösten, vom Feuer nehmen, mit Paprika würzen, mit Mehl bestäuben und mit Brühe aufkochen.

4 Die Rostbraten in die Pfanne mit dem Gemüse legen und im vorgeheizten Backofen bei 200 Grad (Gas: Stufe 3) zugedeckt 30–40 Minuten schmoren, Bei Bedarf Flüssigkeit nachgießen. Zum Schluss die Kapern hinzufügen und das Pfannengericht abschließend mit Zitronensaft abschmecken.

5 Vor dem Servieren die Sahne in das Pfannengericht geben und alles nochmals kurz aufkochen lassen. Als „Sättigungsbeilage“ eignen sich Nudeln.

Zubereitungszeit 1 Stunde 10 Minuten
Pro Portion ca. 570 kcal/2394 kJ
40 g E · 40 g F · 12 g KH

Königsberger Klopse

Auch wenn dieses Rezept seiner Bezeichnung nach eigentlich einer anderen Region zuzuordnen ist, zählt es doch zu den typischen Berliner Speisen.

Zutaten (für 12 Klopse):
2 Brötchen
1 Tasse Milch
1 Bund Petersilie
2 Zwiebeln
20 g Butter
6 Sardellenfilets
3 Tl Semmelbrösel
500 g Geschabtes (Rind und Schwein halb und halb)
1 Ei
Salz, Pfeffer,
3/4 l Fleischbrühe
Für die Sauce:
50 g Butter
40 g Mehl
60 g Kapern
Zitronensaft
1/8 l saure Sahne, 3 El süße Sahne
1 Glas Weißwein
Zucker, Salz, Pfeffer
2 Eigelb

1 Die Brötchen in der Milch einweichen. Die Petersilie waschen, trockenschütteln und fein hacken.

2 Die Zwiebeln schälen, fein hacken und in Butter andünsten. Sardellen abtropfen lassen und fein hacken.

3 Das Schabefleisch mit den eingeweichten, ausgedrückten Brötchen, Ei, Salz, Pfeffer, Petersilie, Zwiebeln sowie den Sardellen herzhaft abschmecken und zu einem Teig kneten. Aus dem Teig 12 Kugeln formen.

4 Die Klopse in die leicht siedende Fleischbrühe geben und in etwa 10 Minuten garen, danach herausnehmen.

5 Aus Butter und Mehl eine helle Schwitze bereiten und mit dem Klopssud ablöschen. Kapern mit Flüssigkeit dazugeben. Mit Zitronensaft, Sahne, Wein, Zucker, Pfeffer und Salz süß-sauer abschmecken. Dann die Sauce mit den Eigelb legieren. Zum Schluss die Klopse dazugeben und noch 10 Minuten in der Sauce ziehen lassen.

6 Nach Altberliner Tradition werden zu Königsberger Klopsen Salzkartoffeln und ein Salat aus Roter Bete gereicht.

Anmerkungen:
In Ostpreußen wurden Königsberger Klopse bevorzugt aus Kalbshackfleisch zubereitet.
Angesichts knapper Verfügbarkeit von Sardellen in der DDR pflegte man ersatzweise klein gehackten Salzhering für die Zubereitung der Königsberger Klopse zu verwenden.

Zubereitungszeit 55 Minuten
Pro Klops ca. 254 kcal/1067 kJ
13 g E · 17 g F · 12 g KH

Zwiebelfleisch

Ein nicht nur in der DDR beliebtes Gericht – auch bereitete die Zutatenbeschaffung in der Regel keine Probleme.

Zutaten:
6 Zwiebeln
4 Knoblauchzehen
1 grüne Paprikaschote
300 g frische Champignons
600 g Schweinefleisch
2 El Fettigkeit (am besten Butter)
500 ml Fleischbrühe
2 Tl getrockneter Rosmarin
1 Tl mittelscharfes Paprikapulver
Salz, Pfeffer
1 Tl saure Sahne
4 El frisch gehackte Petersilie

1 Die Zwiebeln und den Knoblauch schälen und fein hacken. Die Paprikaschote waschen, längs halbieren, entkernen, würfeln. Die Pilze putzen, feucht abreiben, klein würfeln.

2 Das Fleisch gegebenenfalls waschen und trockentupfen.

3 Das Fett in einen Topf geben, erhitzen und das Fleisch darin von allen Seiten anbraten, Zwiebeln, Knoblauch, Paprika und Pilze dazugeben und mitschmoren. Mit der Brühe auffüllen, Rosmarin und Paprikapulver zugeben.

4 Das Fleisch im Topf bei geschlossenem Deckel 30 Minuten sanft kochen. Das Fleisch aus der Zwiebelsauce herausnehmen und warm stellen.

5 Die saure Sahne und die Petersilie in die Zwiebelsauce rühren und mit Salz und Pfeffer abschmecken.

6 Das Fleisch in Scheiben schneiden, auf eine vorgewärmte Platte geben, mit Petersilie garnieren. Die Zwiebelsauce separat servieren. Als „Sättigungsbeilage" eignen sich Petersilienkartoffeln.

Zubereitungszeit 1 Stunde 20 Minuten
Pro Portion ca. 358 kcal/1502 kJ
38 g E · 20 g F · 8 g KH

Ochsenbrust mit Bouillonkartoffeln und Meerrettichsauce

Auf der Beliebtheitsskala Berliner Gerichte stehen die „Bulljongkartoffeln" mit der Ochsenbrust und der Meerrettichsauce garantiert an zweiter Stelle.

Zutaten:
1 Zwiebel
Wurzelwerk (Möhre, Sellerie, Petersilienwurz)
1 kg Ochsenbrust (ohne Knochen)
1 Lorbeerblatt
Salz, Pfeffer
1 Bund Schnittlauch
Für die Meerrettichsauce:
1/4 l Milch, 1/4 l Ochsenbrühe
60 g geriebenes Weißbrot
1 El frisch geriebenen Meerrettich
1/8 l Sahne
Essig, Salz, Pfeffer
Für die Bouillonkartoffeln:
1 kg Kartoffeln
Pfeffer, Majoran, Petersilie

1 Die Zwiebel schälen, Das Wurzelwerk putzen, waschen und klein schneiden, die Kartoffeln schälen.

2 Die Ochsenbrust in 1 Liter gesalzenem Wasser mit der Zwiebel, dem Wurzelwerk, dem Lorbeerblatt und Pfeffer etwa 2 Stunden kochen lassen.

3 Für die Bouillonkartoffeln die Kartoffeln schälen, in Salzwasser kurz aufkochen lassen, dann das Wasser abschütten und durch Bouillon ersetzen. Kartoffeln in knapp 20 Minuten gar kochen, etwas Pfeffer und Majoran darüber streuen.

4 Die Ochsenbrust aus der Brühe nehmen, in Scheiben schneiden und warm stellen.

5 Für die Meerrettichsauce Milch, Brühe und geriebenes Weißbrot in einem Topf unter ständigem Rühren köcheln. Geriebenen Meerrettich und Sahne dazugeben und mit Essig, Salz und Pfeffer abschmecken.

6 Zum Servieren die Ochsenbrustscheiben auf einer Platte anrichten, mit Schnittlauchröllchen bestreuen. Meerrettichsauce in eine Sauciere geben. Bouillonkartoffeln in eine Schüssel füllen und mit klein gehackter Petersilie bestreuen.

Zubereitungszeit 2 Stunden 30 Minuten
Pro Portion ca. 755 kcal/3171 kJ
60 g E · 34 g F · 52 g KH

Berliner Bollenfleisch

Die Berlin umgebende Mark Brandenburg weist auf ihren sandigen Böden eher magere Weiden auf – genau die richtige Grundlage für die genügsamen Schafherden. Insofern hat der Hammelfleischkonsum in Berlin eine lange Tradition. Heute, wo es eigentlich nur noch Lammfleisch gibt, freut sich vor allem auch der große türkische Bevölkerungsanteil über den seit der Wende verbesserten Zugang zu Schaffleisch. „Bollen" ist übrigens der berlinerische Ausdruck für Zwiebeln.

Zutaten:
800 g Zwiebeln
1 kg schieres Hammelfleisch (am besten aus der Schulter oder aus der Keule)
60 g Fettigkeit (am besten Butter)
Salz, Pfeffer
1–2 Tl Kümmel
1–2 Lorbeerblätter
1–2 Knoblauchzehen

1 Die Zwiebeln schälen, in Scheiben schneiden und in einem Topf mit Fett anschwitzen.

2 Das Fleisch in mundgerechte Stücke schneiden und dazugeben, dann mit Wasser angießen, so dass die Topfeinlage knapp bedeckt ist. Kräftig salzen und pfeffern. Kümmel, Lorbeerblätter und durchgedrückten Knoblauch hinzu geben. Alles zusammen einmal kurz aufkochen lassen und dann bei milder Hitze 1–1 1/2 Stunden kochen.

3 Das Fleisch herausnehmen, vom Knochen lösen, klein schneiden und wieder in die Brühe geben. Das Bollenfleisch nochmals aufkochen und zum Servieren in eine Terrine geben.

4 Zum Bollenfleisch gibt es traditionell Quetschkartoffeln.

Anmerkungen zu Quetschkartoffeln:
20 Minuten bevor das Bollenfleisch gar ist, werden Kartoffeln in Salzwasser gekocht. Salzwasser abgießen, Kartoffeln pellen, mit etwas Sud vom Bollenfleisch nur grob stampfen und in einer Schüssel servieren.
Zum Essen präpariert sich der Berliner zunächst einen Kartoffelring auf dem Teller. In dieses „Nest" füllt er dann das Bollenfleisch.

Zubereitungszeit 2 Stunden
Pro Portion ca. 548 kcal/2299 kJ
75 g E · 22 g F · 11 g KH

Kasseler Rippenspeer mit Honigkruste

Fleischermeister Cassel aus der Potsdamer Straße in Berlin hat dieses Rippenstück unvergessen gemacht, in dem er es auf seine Weise durch besonderes Pökeln und Räuchern haltbar gemacht und ihm eine einmalige Geschmacksnote beigegeben hat. Für das hier dargestellte Rezept waren sicherlich zu DDR-Zeiten nicht immer alle Zutaten gleichzeitig verfügbar –aber die eine oder andere Zutat kann man auch weglassen.

Zutaten:

1 Zwiebel
Gewürze: 6 Pfefferkörner, 1 Stückchen Ingwerwurzel, 6 Wacholderbeeren
1 1/2 kg Kasseler Rippenspeer mit Fettrand
350 ml Wein
2 El Honig
2 El scharfer Senf
1 El Orangenmarmelade
1 El Meerrettich
1 El Semmelbrösel
1/8 l Fleischbrühe
4 El Crème fraîche
Salz, Pfeffer

1 Die Zwiebel schälen und würfeln, den Ingwer fein hacken.

2 Das Rippenstück in einer Schüssel mit Wein übergießen, Zwiebel und Gewürze zufügen und alles 3–4 Stunden unter gelegentlichem Wenden durchziehen lassen.

3 Das Rippenstück mit der Oberseite nach unten in einen Schmortopf geben, etwas von der Marinade eingießen und im Topf im vorgeheizten Backofen bei 200 Grad (Gas: Stufe 3) 15 Minuten braten. Dann das Fleisch wenden und weitere 40 Minuten braten, dabei immer wieder mit dem Bratensaft begießen.

4 Den Honig mit Senf, Marmelade, geriebenem Meerrettich, Semmelbröseln, der Hälfte der Crème fraîche verrühren und die Oberseite des Rippenstücks damit bestreichen. Bei erhöhter Hitze (225 Grad, Gas Stufe 4) weitere 15 Minuten braten, bis die Kruste braun ist. Evtl. Honigcreme nachstreichen.

5 Das Fleisch herausnehmen und warm stellen.

6 Den Bratensatz mit Fleischbrühe und 2 Tassen Weinmarinade löschen, durch ein Sieb geben, einkochen und den Rest der Crème fraîche zugeben. Nochmals durchkochen und mit Salz und Pfeffer abschmecken.

7 Zum Anrichten das Fleisch von den Knochen lösen und in Scheiben schneiden. Die Sauce in einer Sauciere servieren. Als Beilage eignet sich junges Gemüse mit Kartoffelpüree.

Zubereitungszeit 1 Stunde 30 Minuten
Pro Portion ca. 460 kcal/1932 kJ
45 g E · 25 g F · 11 g KH

Eisbein mit Sauerkraut und Erbspüree

Wenn man die Berliner nach ihrem Leibgericht befragt ist, erhält man als Antwort „Eisbein mit Sauerkraut und Erbspüree".

Zutaten:
4 gepökelte Eisbeine
Wurzelwerk
1 Zwiebel
1 Lorbeerblatt, Pimentkörner, Pfefferkörner
Zucker
Für das Erbspüree:
250 g Erbsen, Speck und Zwiebel
Für das Sauerkraut:
1 Zwiebel
50 g Schmalz
750 g Sauerkraut
1 Kartoffel
75 g durchwachsener Speck
etwas Brühe
Zucker
5 Wacholderbeeren, 1 Lorbeerblatt

1 Die geschälten Erbsen über Nacht in Wasser einweichen.

2 Die Eisbeine in kaltem Wasser aufsetzen, aufkochen lassen und abschäumen. Geputztes und gewaschenes Wurzelwerk (Möhre, Lauch, Sellerie), die geschälte Zwiebel, Lorbeerblatt, Piment- und Pfefferkörner zugeben und alles 2–2 1/2 Stunden kochen. Eine Prise Zucker gibt dem Pökelfleisch eine schöne rosa Note.

3 1 Stunde, bevor das Eisbein gar ist, die seit dem Vorabend eingeweichten Erbsen im Einweichwasser aufsetzen und bei milder Hitze ausquellen lassen. Evtl. etwas durchgesiebten Eisbeinfond zugeben. Das Erbspüree zu einem Brei eindicken. Achtung: Nicht anbrennen lassen!

4 Parallel dazu das Sauerkraut zubereiten. Zwiebel schälen und in Schmalz anschwitzen. Das Sauerkraut auseinander zupfen, mit dem Lorbeerblatt, den Wacholderbeeren und einer Prise Zucker im Schmalz schmoren. Evtl. etwas durchgesiebten Eisbeinfond zugeben. 5 Minuten vor Schluss die durchgeriebene Kartoffel unter das Sauerkraut geben und dieses noch einmal aufkochen lassen.

5 Die Eisbeine zum Sauerkraut und dem pürierten Erbsenbrei servieren. Die Eisbeine zum Schluss mit den in der Pfanne ausgebratenen Speck- und Zwiebelstücken übergießen. Dazu gehört unbedingt Senf!

Anmerkung:
„Tempo-Erbsen" machten das vorabendliche Einweichen überflüssig

Zubereitungszeit bis zu 3 Stunden
Pro Portion ca. 603 kcal/2531 kJ
49 g E · 34 g F · 23 g KH

Berliner Kalbsleber

Die mit Äpfeln und Zwiebeln zubereitete Kalbsleber gehört gleichfalls zu den Lieblingsspeisen der Berliner.

Zutaten:
4 saure Äpfel
2 große Zwiebeln
600 g Kalbsleber (4 Scheiben)
Fettigkeit (Butter und Öl)
Mehl
Salz, Pfeffer

1 Die Äpfel schälen, vierteln, Kerngehäuse ausstechen und die Äpfel in Scheiben schneiden. Apfelscheiben in einer Pfanne in Butter braten und warm stellen.

2 Die Zwiebeln schälen, in Scheiben schneiden und in Butter goldgelb dünsten.

3 Die Leber unter fließendem Wasser abwaschen, trocknen, Sehnen und Röhren entfernen, in etwas Mehl wenden und in der Pfanne, in die nun etwas Öl zugegeben wird, von beiden Seiten kurz braten. Erst dann salzen und pfeffern, weil die Leber sonst hart wird.

4 Zum Servieren die Äpfel und Zwiebeln über die Leber geben und das Bratfett darüber geben.

5 Als Beilage zu ihrer Kalbsleber lieben die Berliner Kartoffelpüree.

Zubereitungszeit 35 Minuten
Pro Portion ca. 305 kcal/1281 kJ
31 g E · 9 g F · 24 g KH

Saure Kalbskutteln

Dieses Gericht ist nicht nur in Schwaben, sondern gleichermaßen in Sachsen beliebt.

Zutaten:
1 Zwiebel
Wurzelwerk (1 Möhre, 1 Petersilienwurz, 1 Stück Sellerie)
1 kg Kalbskutteln
Salz, Pfeffer
1 Nelke
2 Pimentkörner, 2 Pfefferkörner
1/2 Lorbeerblatt
40 g Fettigkeit (Butter oder Margarine)
40 g Mehl
Saft von 1/2 Zitrone
gehackte Petersilie

1 Die Zwiebel schälen und klein würfeln. Das Wurzelwerk putzen, waschen und klein schneiden.

2 Die Kutteln mit Salz einreiben und sorgfältig mehrmals fließend waschen und in kaltem Wasser aufsetzen. Wenn das Wasser kocht, dieses abgießen und durch frisches kaltes Wasser ersetzen.

3 Zwiebel, Wurzelwerk und Gewürze mit in den Topf geben und die Kutteln etwa 2 Stunden gar kochen.

4 Die Kutteln anschließend herausnehmen und in mundgerechte Stücke schneiden.

5 Für die Kuttelsauce aus Butter oder Margarine mit Mehl eine Schwitze herstellen, mit etwas Kutteltbrühe auffüllen, salzen, pfeffern und mit dem Zitronensaft pikant abschmecken.

6 Die Kuttelstücke in die Sauce geben. Nochmals aufkochen lassen.

7 Zum Anrichten die Kutteln in eine Suppenschüssel geben, Petersilie darüber streuen und heiß mit Nudeln servieren.

Zubereitungszeit 2 Stunden 30 Minuten
Pro Portion ca. 363 kcal/1523 kJ
39 g E · 19 g F · 10 g KH

Paprikaschnitzel

Die für Ungarn typische Art, Schnitzel zuzubereiten, ist das Paprikaschnitzel, das auch in der DDR seine Liebhaber gefunden hat. Paprikaschnitzel wurde auch vom DDR-Fernsehkoch Kurt Drummer als Rezept vorgestellt.

Zutaten:
4 Kalbsschnitzel
Salz, Mehl
80 g Fettigkeit (Butter und Öl bzw. Margarine)
50 g Räucherspeck
1/2 Zwiebel
1 Tl Rosenpaprika
1/8 l saure Sahne

1 Die Schnitzel klopfen, die Ränder einschneiden, salzen. Auf jeder Seite bemehlen und in heißem Fett auf jeder Seite an die 5 Minuten goldbraun braten.

2 Den Speck würfeln. Die Zwiebel schälen und klein hacken.

3 In einer anderen Pfanne Speck in Fett glasig braten, die Zwiebel dazugeben und goldgelb anrösten. Diese Pfanne vom Feuer nehmen und das Paprikapulver einstreuen, etwas Wasser zugießen und alles aufkochen lassen.

4 Die saure Sahne mit etwas Mehl verrühren und in die Paprikasauce geben, dann die Schnitzel dazugeben und 5 Minuten in der Sauce schmoren lassen.

5 Die Paprikaschnitzel auf einer Platte anrichten und die Sauce darüber gießen. Zum Paprikaschnitzel passen als „Sättigungsbeilage" Nockerln.

Anmerkung:
Für die Nockerln benötigt man 250 g Mehl, 3 Eier, Salz und etwas Butter. Das Mehl knetet man mit den Eiern, Salz und etwas Wasser zu einem glatten Teig. Diesen Teig drückt man durch ein Nockerlnsieb (oder sticht mit einem Teelöffel Nockerln vom Teig ab) in kochendes Salzwasser. Sobald die Nockerln an die Oberfläche kommen, schöpft man sie mit einem Schaumlöffel ab und schreckt sie mit kaltem Wasser ab. Abschließend lässt man die Nockerl abtropfen und wendet sie in heißer Butter.

Zubereitungszeit 45 Minuten
Pro Portion ca. 228 kcal/956 kJ
30 g E · 10 g F · 4 g KH

Märkischer Schmorbraten

Zutaten:
Wurzelwerk
1 Zwiebel
1 kg Ochsenfleisch (aus der Keule)
80 g fetter Speck
Salz, Pfeffer
2 El Schmalz
1 Tl Stärkemehl
2 El saure Sahne
1 El Senf

1 Das Wurzelwerk putzen, waschen und grob würfeln. Die Zwiebel schälen und vierteln

2 Das Fleisch mit Speck spicken und mit Salz und Pfeffer einreiben.

3 Schmalz in einem Schmortopf erhitzen, das Fleisch hineingeben und von allen Seiten anbraten. Wurzelwerk und Zwiebel kurz mitrösten, Wasser zugießen, den Topf schließen und das Fleisch auf kleiner Flamme etwa 2–3 Stunden garen. Zwischendurch regelmäßig Wasser nachgießen.

4 Wenn das Fleisch weich ist, dieses herausnehmen und nach einer kurzen Ruhepause quer zur Faser in Scheiben schneiden.

5 Den Fleischsud durchseihen, mit dem Stärkemehl und saurer Sahne zu einer Sauce binden und mit Senf abschmecken.

Zubereitungszeit 2 Stunden
30 Minuten
Pro Portion ca. 553 kcal/2321 kJ
54 g E · 36 g F · 5 g KH

Thüringer Rostbrätel

Dieses Thüringer Gericht stammt noch aus der Zeit, als man Fleisch nicht in der Pfanne, sondern über Grillfeuer röstete.

Zutaten:
4 dicke Schnitzel (à 200 g)
Salz, Pfeffer
1 Flasche helles Bier
3 El Schmalz
scharfer Senf

1 Die Schweineschnitzel salzen und pfeffern und mit Bier bestreichen.

2 In einer Pfanne das Schmalz erhitzen, die Schnitzel darin unter häufigem Wenden von beiden Seiten knusprig braun braten. Dabei die Schnitzel öfter mit Bier bestreichen.

3 Die Schnitzel aus der Pfanne nehmen und mit scharfem Senf und Brot servieren.

Zubereitungszeit 25 Minuten
Pro Portion ca. 323 kcal/1353 kJ
42 g E · 16 g F · 1 g KH

STAUB

Hammelfleisch mit weißen Bohnen

Anstelle von Hammelfleisch, das in diesem russischen Rezept Verwendung findet, nimmt man heute Lammfleisch.

Zutaten:
250 g weiße Bohnen
1 Zwiebel
500 g Tomaten
500 g Lammfleisch
Salz, Pfeffer
2 El Fettigkeit (Butter oder Margarine)
fein gehackte Petersilie

1 Die weißen Bohnen am Vorabend einweichen.

2 Die Zwiebel schälen und vierteln. Die Tomaten heiß überbrühen, schälen und in grobe Stücke würfeln.

3 Die Zwiebel in einem kleinen Teil des Fettes goldgelb dünsten.

4 Das Fleisch in mundgerechte Stücke schneiden, salzen und pfeffern.

5 Das Fleisch im Fett anbraten und in eine Kasserolle legen. Die eingeweichten Bohnen dazugeben.

6 Die Kasserolle mit Wasser auffüllen. Den Inhalt 1 – 1 1/2 Stunden köcheln.

7 Zehn Minuten vor Beendigung der Kochzeit die gedünsteten Zwiebeln und die Tomatenstücke dazugeben.

8 Das Hammelfleisch wird in der Kasserolle, mit klein gehackter Petersilie bestreut, serviert.

Zubereitungszeit 2 Stunden
(plus Einweichzeit)
Pro Portion ca. 247 kcal/1036 kJ
38 g E · 9 g F · 3 g KH

Sülzkotelett

Sülzen sind eine ausgesprochen norddeutsche Spezialität, insofern auch in Mecklenburg-Vorpommern, Brandendenburg und Berlin häufig auf dem Teller. Sülze ist auch ein ausgesprochen gutes „Resteessen", kann man doch beispielsweise Fleischreste auf diese Weise gut verarbeiten. Umso weiter man nach Norden kommt, desto größer wird übrigens die Prise Zucker, die an die Aspikmasse gegeben wird.

Zutaten:
500 g Fleischreste
1/2 l entfettete Fleischbrühe
Salz, Pfeffer
1 Prise Zucker
1 Möhre
Essig nach Geschmack
2 Eier
2 Gewürzgurken
1 Päckchen Blattgelatine (6 Blatt)

1 Die Fleischreste in Stücke schneiden. Die Fleischbrühe mit Salz, Pfeffer und der Prise Zucker aufkochen, die Möhre mitkochen, alles nach Belieben mit ein wenig Essig pikant abschmecken. Die Brühe durch Abschöpfen immer wieder klären.

2 Die Eier hart kochen, abschrecken. Eier, Gurken, und die Möhre in Scheiben schneiden.

3 Gelatine in kaltem Wasser 10 Minuten einweichen, ausdrücken und mit heißer Brühe vermischen, dann etwas abkühlen lassen.

4 Vorher zurecht gelegte Sülzformen kalt ausspülen, 0,5 Zentimeter hoch mit Brühe füllen und erkalten lassen. Aus dem größeren Teil des Fleisches sowie den Ei-, Möhren- und Gurkenscheiben in den Formen ein Muster legen. Die Formen mit abgekühlter Gelierbrühe begießen, und diese dann erstarren lassen. Das restliche Fleisch in die Formen geben, mit dem Rest der Gelierbrühe übergießen und die Formen für einige Stunden kalt stellen.

5 Die Formen zum Anrichten kurz in heißes Wasser tauchen, dann die Sülzen auf eine Platte stürzen.

6 Bratkartoffeln mit Remouladensauce sind die beliebteste Beilage zum Sülzkotelett.

Zubereitungszeit 55 Minuten
Pro Portion ca. 340 kcal/1428 kJ
34 g E · 21 g F · 4 g KH

Kuheuter-Schnitzel

Im armen Mecklenburg wurden schon immer alle Teile eines Tieres für die Ernährung ausgewertet. Insofern ist dort ein Gericht wie „Kuheuter-Schnitzel“ durchaus normal. Kuheuter muss aber gut gewürzt sein, um schmackhaft zu sein.

Zutaten:
Wurzelwerk (Sellerie, Lauch, Möhre)
1 Zwiebel
800 g Kuheuter
6 Pfefferkörner
4 Pimentkörner
4 Nelken
1 Lorbeerblatt
Salz, Pfeffer
2 El Mehl
1 Ei
Semmelbrösel
50 g Fettigkeit (Bratfett)
Salz, Pfeffer

1 Das Wurzelwerk putzen, waschen und klein schneiden. Die Zwiebel schälen und in Viertel teilen.

2 Das Kuheuter sorgfältig waschen, mit kaltem Wasser aufsetzen, aufkochen lassen und dann das Wasser abgießen und durch 2 Liter neues kaltes Wasser ersetzen. Das Wurzelwerk, die Zwiebel, die Pfeffer- und Pimentkörner die Nelken und das Lorbeerblatt dazugeben und alles zusammen 3–4 Stunden weich kochen.

3 Das Kuheuter im Sud erkalten lassen, herausnehmen, in Scheiben schneiden und leicht mit Salz und Pfeffer bestreuen

4 Mehl und Ei verquirlen. Die Kuheuterscheiben darin wenden und mit Semmelbröseln panieren.

5 Die Kuheuterscheiben in heißem Fett goldbraun braten und zum Servieren mit Zitronenspalten anrichten. Dazu passt Kartoffelsalat und grüner Salat.

Zubereitungszeit bis zu 4 Stunden
Pro Portion ca. 393 kcal/1649 kJ
43 g E · 22 g F · 7 g KH

Schnitzel Holstein

Dieses Schnitzelrezept verdanken wir nicht den Holsteinern, sondern dem Geheimrat Fritz von Holstein, der so genannten „Grauen Eminenz" des Reichskanzlers Bismarck. Der Überlieferung nach soll er in seinem Stammrestaurant „Borchardt" in Berlin einmal so in Eile gewesen sein, dass er kein Menü, sondern nur eine Vorspeisenplatte zusammen mit einem Schnitzel bestellte. Der clevere Küchenchef hatte mit Erfindungsreichtum etwas zusammengestellt, das uns bis heute als Rezept erhalten geblieben ist.

Zutaten (für 1 Gericht):
1 nicht zu dünnes Kalbsschnitzel
20 g Butter
Salz, Pfeffer
4 Weißbrotdreiecke
1 Ei
1 El Kapern
Sardellenfilets
Ölsardinen
2 Scheiben Räucherlachs
4 Gewürzgürkchen

1 Das Schnitzel klopfen, leicht einschneiden, und von beiden Seiten in Butter braten, salzen und pfeffern.

2 Die Weißbrotecken knusprig toasten.

3 Gleichzeitig ein Setzei bereiten und auf das fertige Schnitzel legen. Die Kapern darüber streuen.

4 Das belegte Schnitzel in der Mitte eines großen Esstellers setzen. Den Rand des Esstellers mit den gerösteten Weißbrotecken, die mit Sardellen, Sardinen und Räucherlachs belegt werden, und den Gürkchen garnieren

5 Geheimrat Holstein bevorzugte später immer Bratkartoffeln zu „seinem" Schnitzel.

Zubereitungszeit 30 Minuten
Pro Portion ca. 815 kcal/3423 kJ
80 g E · 42 g F · 27 g KH

Ungarischer Hirtenspieß

Die Puszta-Romantik lebt vom offenen Feuer, an dem sich die Hirten abends ihre Spieße braten. Heute nimmt man dafür ganz unromantisch den Grill im Backofen.

Zutaten:
200 g Schweinefleisch
200 g Rindfleisch
200 g Schweineleber
200 g Räucherspeck
2 grüne Paprikaschoten
2 Tomaten
8 Champignons
8 kleine Zwiebeln
Salz, Pfeffer, Öl

1 Fleisch, Leber und Speck in grobe Stücke schneiden.

2 Die Paprika waschen, längs halbieren, entkernen und in große Stücke schneiden. Die Tomaten in Scheiben schneiden. Die Champignons und die Zwiebeln halbieren.

3 Alle Zutaten abwechselnd auf Spieße stecken, salzen und pfeffern.

4 Die Fleischspieße mit dem Öl beträufeln und im vorgeheizten Grill auf höchster Stufe 10 Minuten grillen und dabei gelegentlich wenden.

5 Die Hirtenspieße serviert man mit gebackenen Kartoffeln und mit Essig-Paprika (siehe Rezept Seite 110).

Zubereitungszeit: 45 Minuten
Pro Portion ca. 363 kcal/1523 kJ
47 g E · 14 g F · 12 g KH

Wild-
gerichte

Hirschragout

Durch den hohen Waldanteil im Süden der DDR gab es vor allem hier viel Wildfleisch. Dieses Hirschragout ist ein sächsisches Rezept.

Zutaten:
800 g Hirschklein
Wurzelwerk (Sellerie, Möhren, 1 Petersilienwurzel)
150 g Speck
1/8 l Rotwein
1/8 l Brühe
Butter
100 g Saftschinken
50 g saure Sahne
Für die Beize:
100 g Zwiebelwürfel
Sellerieblätter, 1 Lorbeerblatt, Pfefferkörner, Wacholderbeeren, Thymian, Nelke, Salz, Pfeffer, Zucker
Essigbeize (FP)

1 Am Vortag das Hirschfleisch in mundgerechte Stücke schneiden, mit den klein geschnittenen Zwiebelwürfeln sowie den Gewürzen in einen Topf schichten und mit Essigbeize begießen.

2 Das Wurzelwerk putzen, waschen und klein schneiden.

3 Den Speck würfeln und in einer Pfanne anbraten.

4 Das Fleisch aus dem Topf nehmen, gut abtropfen lassen und mit dem ausgelassenen Speck anbraten. Dann das Fleisch mit Rotwein ablöschen, Brühe und etwas Beizflüssigkeit zufügen.

5 Das Hirschfleisch aus dem Fond nehmen.

6 Das Wurzelwerk in etwas Butter andünsten und das Hirschfleisch darunter geben.

7 Den Saftschinken in Streifen schneiden und in einer Pfanne kurz in heißer Butter schwenken.

8 Den Hirschfond mit etwas Brühe löschen und einkochen. Den Fond mit der sauren Sahne, Essig, sowie gegebenenfalls mit Salz und Pfeffer abschmecken.

9 Zum Anrichten die Schinkenstreifen über das Hirschragout geben. Als „Sättigungsbeilage“ passen Salzkartoffeln, als Gemüsebeilage Rotkohl.

Zubereitungszeit 60 Minuten (plus Marinierzeit)
Pro Portion ca. 395 kcal/1659 kJ
55 g E · 15 g F · 5 g KH

Damhirschkeule in Rahmsauce

Die Jagd war in der DDR eine hoch angesehene Beschäftigung. Allerdings gab es keine Privatjagd. Anfänglich wurde die sozialistische Jagd als so genannte „Polizeijagd“ betrieben. Es galt ja Waffenverbot in der DDR. Die Jäger mussten sich die Jagdwaffen von der Polizei gegen Ausleihebescheinigung abholen. Jeder Jäger erhielt 10 Schuss Munition, über die er Rechenschaft ablegen musste. Später entstanden dann die Jagdgenossenschaften, denen auch die Pflege und Hege des Waldes oblag und die die Vermarktung des Fleisches erlegter Tiere betrieben. Bei der Genossenschaft konnte man das Wildfleisch direkt beziehen. Aber die Genossenschaften belieferten auch den Lebensmittelhandel. Dort war Wildfleisch aber oft „Bückware“. Und dann gab es noch die so genannten „Bonzenjagdreviere“, die für andere nicht zugänglich waren – das bekannteste davon lag in der Schorfheide, wo schon Kaiser Wilhelm jagte, später Göring und zum Schluss auch Honnecker. Eine Damwildzucht, wie sie heute weit verbreitet ist, gab es in der DDR noch nicht. Aber es gab große Damhirschpopulationen in den Brandenburger Wäldern, die aus Gründen der Walderhaltung bejagt werden mussten. Insofern gab es gelegentlich auch Damwildfleisch zu kaufen.

Zutaten:
2 Zwiebeln
Wurzelwerk (1 Möhre, 1 Stück Sellerieknolle)
1 kg Fleisch aus der Damhirschkeule
80 g Speck
Salz
1/4 l Sahne
2 Tl Zitronensaft
2 El Orangensaft
2 El Johannisbeergelee

1 Die Zwiebeln schälen und klein schneiden. Das Wurzelwerk waschen, putzen und würfeln.

2 Den Speck würfeln. Das Fleischstück mit dem Speck, den Zwiebeln und dem Wurzelwerk in einem Bräter anbraten.

3 Den Bräter in den vorgeheizten Ofen stellen, die Gewürze, die Säfte, das Gelee und die Sahne dazugeben. Alles zusammen bei 200 Grad (Gas: Stufe 3) 90 Minuten garen.

4 Anschließend die Sauce durch ein Sieb streichen, nochmals kurz aufkochen lassen und evtl. abschmecken.

5 Zur Damhirschkeule passen als „Sättigungsbeilage“ Klöße und als Gemüsebeilage Rotkohl.

Zubereitungszeit: 1 Stunde 40 Minuten
Pro Portion ca. 530 kcal/2226 kJ
58 g E · 29 g F · 10 g KH

Hasenkeulen

Kaninchen und Hasen zählten zu dem häufig in der DDR angebotenen Wildfleisch.

Zutaten:
4 Hasenkeulen
1 l Buttermilch
2 cl Nordhäuser Doppelkorn
Wurzelwerk
1 Zwiebel
3 Wacholderbeeren
2 Pfefferkörner
1 Lorbeerblatt
Salz, Pfeffer
5 El Fettigkeit (Öl und etwas Butter)
250 ml Rinderfond
1/2 Flasche Malzbier
30 g Mehl
1 El Quittengelee
Saft von 1/2 Zitrone

1 Die Hasenkeulen von Haut und Sehnen befreien.

2 Die Buttermilch mit dem Doppelkorn zu einer Beize zusammengießen.

3 Das Wurzelwerk putzen, waschen und klein schneiden. Die Zwiebel schälen und achteln. Die Wacholderbeeren zerdrücken. Alle diese Zutaten mit dem Lorbeerblatt in die Beize geben.

4 Das Fleisch an einem kühlen Ort 2 Tage lang zugedeckt beizen.

5 Die aus der Beize genommenen Hasenkeulen salzen und pfeffern und in einem Bräter mit heißem Öl 10 Minuten von allen Seiten kräftig anbraten. Danach die Keulen mit Rinderfond und Malzbier ablöschen und im Bräter 1 Stunde schmoren.

6 Das Fleisch aus dem Bräter herausheben und warm stellen.

7 Den Bratenfond und die Beize durch ein Sieb streichen.

8 In einem neuen Topf die Butter erhitzen, das Mehl einstreuen und unter Rühren eine Schwitze herstellen, die mit Fond und Beize abgelöscht wird. Dann die Sauce noch einmal aufkochen lassen und mit Quittengelee, Zitronensaft, Salz und Pfeffer abschmecken.

9 Zum Servieren die Hasenkeulen auf einer Platte und die Sauce in einer Sauciere reichen. Als „Sättigungsbeilage" eignen sich ganz besonders Thüringer Klöße.

Zubereitungszeit 1 Stunde 40 Minuten (plus Zeit zum Marinieren)
Pro Portion ca. 250 kcal/1050 kJ
27 g E · 5 g F · 21 g KH

Taubenbraten

Taubenbraten ist ein Leckerbissen, der nicht nur in der DDR selten war.

Zutaten:
4 küchenfertige Tauben
Salz
Pfeffer
250 g Champignons
4 Zwiebeln
8 El Knoblauchbutter
4 Speckscheiben
2 El Butterschmalz
1/2 l Geflügelbrühe
125 ml Rotwein
1 Tl Mehl
1 Tl Senf

1 Die Tauben waschen, trockentupfen, innen und außen mit Salz einreiben.

2 Die Pilze putzen und klein schneiden. Die Zwiebeln schälen und klein schneiden.

3 Je ein Viertel der Knoblauchbutter in die Tauben geben und jede mit einer Speckscheibe umwickeln.

4 Das Butterschmalz in einer Pfanne erhitzen und die Tauben darin nacheinander anbraten.

5 Dann alle Tauben in die Pfanne geben, die Brühe dazugießen, Pilze und Zwiebeln hineinstreuen und Rotwein zugießen.

6 Die Tauben in der Pfanne bei geschlossenem Deckel 30 Minuten garen. Danach die Tauben aus der Pfanne nehmen und warm stellen.

7 Die Sauce in der Pfanne mit Mehl unter ständigem Rühren binden, salzen und pfeffern und je nach Geschmack mit Senf abschmecken. Dazu passen Prinzessbohnen und Butterkartoffeln.

Zubereitungszeit 1 Stunde 10 Minuten
Pro Portion ca. 590 kcal/2478 kJ
28 g E · 49 g F · 6 g KH

Fasan Berliner Art

Der Fasan gehört zu den Wildhühnern. Seine Heimat ist das Schwarze Meer. Der jagdfreudige Adel hatte Fasanerien, wo er das Wildgeflügel mit dem farbenprächtigen Gefieder züchtete. Friedrich der Große ließ seine Fasanerie nahe der heutigen Fasanenstraße in Berlin anlegen. Ein Fasan muss mehrere Tage in den Federn abhängen, um sein einzigartiges Aroma zu bekommen. Den besonders schmackhaften jungen Fasan erkennt man an der Brustbeinspitze, die bei Daumendruck noch biegsam ist. Ältere Fasane sind aber noch für Farcen, Fasanenkraftbrühe und Haschee geeignet.

Zutaten:
1 küchenfertiger Fasan
(etwa 900 g)
Salz, Pfeffer
einige Scheiben fetter Speck
2 Steinpilze
1 Schalotte
2 El Butter
1/2 Lorbeerblatt
8 zerdrückte Pfefferkörner
8 zerdrückte Wacholderbeeren
1/4 l Madeira
1/4 l Fleischbrühe
1 El Mehl
2 El kalte Butter
für die Sauce
Zitronensaft

1 Den Fasan mit einem Tuch ausreiben, salzen, pfeffern und mit dem Speck umwickeln.

2 Die Steinpilze säubern und in Scheiben schneiden, Schalotte schälen und würfeln.

3 Den Fasan in einem Bräter in Butter bei 200 Grad (Gas: Stufe 3) knapp 1 Stunde im Backofen braten. Während des Bratvorgangs Pfeffer, Wacholder und Lorbeerblatt zugeben. Den Fasan laufend begießen.

4 Die Steinpilze mit der Schalotte in etwas Butter dünsten.

5 Den Fasan mit Madeira angießen und warm stellen.

6 Den in Madeira gelösten Bratensatz in einen Topf geben, Fleischbrühe hinzufügen und mit in Madeira gelöstem Mehl binden. Die Sauce einkochen lassen, durchsieben und auf die Steinpilze geben. Nochmals aufkochen lassen. Kalte Butter unterrühren, Sauce mit Salz, Pfeffer und Zitronensaft abschmecken.

7 Auch zum Fasan lieben die Berliner ihr Kartoffelpüree. Dazu servieren sie Weinsauerkraut oder einen Salat aus verschiedenen Blättern und verschiedenen Gemüsen.

Zubereitungszeit 1 Stunde 10 Minuten
Pro Portion ca. 408 kcal/1712 kJ
53 g E · 19 g F · 7 g KH

Fisch-
gerichte

Ostseehecht in Vollkornkruste

Zutaten:

Saft und Schale von 1 Zitrone
1 küchenfertiger Hecht (1,5–2 kg)
2 Zwiebeln
20 g Butterschmalz
60 g Butter
1 El Sardellenpaste
1 Lorbeerblatt
250 ml saure Sahne
1 Scheibe gebröseltes Vollkornbrot
1 Eigelb
2 El Sahne
Salz
Pfeffer

1 Die Zitrone auspressen. Den Hecht waschen und trockentupfen, mit Zitronensaft beträufeln und salzen. Die Zwiebeln schälen und in Streifen schneiden. Die Zitronenschale dünn abschneiden und in feine Streifen schneiden.

2 Das Butterschmalz erhitzen und die Zwiebeln darin andünsten.

3 Den Backofen auf 200 Grad (Gas: Stufe 3) vorheizen. In die Fettpfanne des Backofens zuerst die goldbraun gedünsteten Zwiebeln und darauf den Hecht legen

4 Ein Drittel der Butter mit der Sardellenpaste mischen, den Hecht mit dieser Paste bestreichen. Das zweite Drittel Butter zerlassen und in die Fettpfanne geben. Den Hecht 10 Minuten im Ofen braten, dann wenden. Restliche Butter mit der Zitronenschale und dem Lorbeerblatt zum Fisch geben. Saure Sahne angießen. Den Fisch mit den Brotbröseln bestreuen und weitere 20 Minuten garen.

5 Den Hecht herausnehmen und auf einer Platte warm stellen.

6 Die Sauce in einen Topf gießen und mit wenig Wasser aufkochen. Sauce vom Herd nehmen, mit dem Eigelb und der Sahne legieren, passieren, abschmecken und über den Hecht gießen.

7 Zum Hecht werden traditionell Dillkartoffeln als „Sättigungsbeilage" serviert.

Anmerkungen:

Schwarzbrot als Suppeneinlage, als Panade oder als Beilage ist typisch für die Küche in Mecklenburg und in Vorpommern.
Anstelle von gebröseltem Vollkornbrot lässt sich heute viel einfacher Vollkorn-Paniermehl verwenden.
Zu DDR-Zeiten wurde als Ersatz für die Sardellenpaste auch ganz fein geschnittener Salzhering verwendet.

Zubereitungszeit 55 Minuten
Pro Portion ca. 680 kcal/2856 kJ
53 g E · 32 g F · 34 g KH

Dorsch in Dillsauce

Die 60-er Jahre waren die großen Seefischjahre der DDR und die Zeit vieler Fischrezepte. Dorsch – junger Kabeljau – wurde in größeren Mengen angelandet und war sehr beliebt. Überhaupt bot Seefisch in dieser Zeit eine große Abwechslung auf den Speisezetteln der DDR.

Zutaten:
1 kg küchenfertiges Dorschfilet
1 große Zwiebel
Wurzelwerk
1 Zitrone
25 ml Essig
1 Lorbeerblatt
Salz, Zucker, Pfeffer
1 Bund Dill
50 g Butter
40 g Mehl
125 g Sahne

1 Das Dorschfilet unter fließendem Wasser waschen, trockentupfen, in Stücke schneiden.

2 Die Zwiebel schälen, in Scheiben schneiden. Das Wurzelwerk (Möhre, Lauch, Sellerie etc.) säubern und in Stücke schneiden, die Zitrone achteln.

3 Den Essig mit 1/2 l Wasser im Topf aufkochen. Wurzelwerk, Lorbeerblatt, eine Prise Zucker, Zitronenachtel hinzufügen. Dann den Dorsch und die Hälfte des Dills hinzufügen. Alles zusammen 20 Minuten köchelnd garen.

4 Den Topfinhalt durch ein Sieb geben, Fischbrühe auffangen.

5 Die Butter bis auf einen Rest in einem anderen Topf zerlassen, das Mehl darin anschwitzen. Mit Fischbrühe angießen. Unter Rühren 7 Minuten köcheln. Vom Herd nehmen und Sahne einrühren. Den restlichen Dill klein hacken und in dem Butterrest schwenken.

6 Den Dorsch auf Tellern anrichten, die Sauce dazugeben und mit Bratkartoffeln servieren.

Zubereitungszeit 55 Minuten
Pro Portion ca. 458 kcal/1922 kJ
51 g E · 22 g F · 13 g KH

Gebratene Scholle

Die Scholle, auch Goldbutt genannt, kommt vom Nordatlantik bis zum Mittelmeer vor. Im Frühjahr zieht sie zum Laichen in die Ostsee. Der Plattfisch wird 20-30 Zentimeter lang, ist auf der Blindseite weiß und hat oben eine bräunliche Haut mit orangefarbenen Flecken. Das Fleisch ist weiß und schmackhaft und war in den Küstenregionen der DDR sehr beliebt.

Zutaten:

50 g durchwachsener Speck
1 El Fettigkeit (am besten Öl)
300 g Staudensellerie
300 g Frühlingszwiebeln
150 g Tomaten
Salz, Pfeffer
2 cl Weißwein
8 Schollenfilets
60 g Butter
1 El gehackter Dill

1 Den Speck klein würfeln und in der Pfanne in Öl anbraten.

2 Die Selleriestangen putzen, waschen, klein schneiden und in der Speckpfanne 5 Minuten dünsten. Die Frühlingszwiebeln in Ringe schneiden, die Tomaten heiß überbrühen und schälen, beides zum Speck in die Pfanne geben. Danach salzen und pfeffern und im Wein 10 Minuten dünsten.

3 Die Schollen waschen, trockentupfen, salzen und in Butter von jeder Seite gut 5 Minuten braun braten.

4 Den Dill unter das Gemüse ziehen.

5 Die Schollenfilets auf vorgewärmten Tellern anrichten und das Gemüse darüber geben. Mit Butterkartoffeln als „Sättigungsbeilage" servieren.

Zubereitungszeit 50 Minuten
Pro Portion ca. 320 kcal/1344 kJ
31 g E · 17 g F · 10 g KH

Altberliner Schusterpastete

Hering war früher ein Arme-Leute-Essen. Erst der Rückgang der Fischbestände und die dadurch teurer werdenden Fische ließen die Menschen den wahren Wert des Herings erkennen. Hier wird ein einfacher Fischauflauf aus Kartoffeln, Suppenfleisch, Speck und Matjessfilets vorgestellt.

Zutaten:
400 g Suppenfleisch
800 g Kartoffeln
100 g durchwachsener Speck
1 große Zwiebel
2 Matjesfilets
1 Bund Petersilie
1/4 l Milch
3 Eier
Pfeffer
3 El geriebener Schweizer Käse
3 El geriebenes Weißbrot
100 g Butter

1 Das Suppenfleisch weich kochen und in mundgerechte Stücke schneiden.

2 Die Kartoffeln kochen, pellen und in Scheiben schneiden

3 Den Speck würfeln, die Zwiebeln schälen und in Streifen schneiden. Beides in Butter anschwitzen.

4 In einer ausgebutterten Auflaufform abwechselnd Kartoffelscheiben, Speck, Suppenfleisch, Zwiebeln, in Stücke geschnittene Matjesfilets und gehackte Petersilie übereinander schichten.

5 Die Milch mit den Eiern verrühren, mit Pfeffer würzen und über die Kartoffeln gießen. Das Ganze dann noch mit Käse und Weißbrot bestreuen und letztlich Butterflöckchen darauf geben.

6 Den Fischauflauf im vorgeheizten Backofen bei 200 Grad (Gas: Stufe 3) 40 Minuten backen. Während der letzten 5 Minuten auf Oberhitze stellen.

Zubereitungszeit 3 Stunden 30 Minuten
Pro Portion ca. 643 kcal/2699 kJ
44 g E · 35 g F · 38 g KH

Kabeljau mit Gemüse

Zutaten:
600 g Kabeljaufilet (4 Stück)
1–2 El Zitronensaft
Salz
Pfeffer
Mehl zum Wälzen
1 Zwiebel
300 g Pilze
1 kleine Dose Aprikosen
3 El Fettigkeit (am besten Öl)
300 g Erbsen (TK- oder Dosenware)
100 ml Gemüsebrühe

1 Das Fischfilet säubern und trocknen, mit Zitronensaft beträufeln, salzen, pfeffern und in Mehl wälzen.

2 Die Zwiebel schälen, klein würfeln, die Pilze putzen.

3 Die Aprikosen abtropfen lassen und in Spalten schneiden.

4 Die Zwiebel in einem Teil des Öls glasig dünsten. Pilze zugeben, braten, danach die Erbsen und Aprikosen zufügen, salzen und pfeffern. Alles mit Brühe angießen und 5 Minuten garen.

5 Den Fisch im übrigen heißen Fett (Öl) von beiden Seiten je 3–4 Minuten braten.

6 Den Fisch auf Tellern anrichten, mit dem Gemüse servieren und Brot dazu reichen.

Anmerkungen:
Um ihre Mahlzeiten vielseitig zu gestalten, war Pilze sammeln für die DDR-Bevölkerung zu einem wahren Volkssport geworden. Heute kann man einfach überall erhältliche frische Champignons nehmen.
Anstelle der Erbsen bieten sich die wunderschönen Zuckererbsen an. Und natürlich passt ein knuspriges Baguette besser als Graubrot dazu.
Mariniert schmeckt der Kabeljau noch besser: dazu 8 El Öl mit 2 El Zitronensaft, 1 Tl zerstoßenem schwarzem Pfeffer und 1 El Kräuter mischen und den Fisch 30 Minuten darin vor dem Braten einlegen.

Zubereitungszeit 45 Minuten
Pro Portion ca. 250 kcal/1049 kJ
35 g E · 2 g F · 22 g KH

Fischauflauf mit Wirsing

„Jede Woche zweimal Fisch, hält gesund, macht schlank und frisch" wurde angesichts der großen Fischfänge, die die DDR-Fangflotte in den 60-er bis zum Beginn der 70-er Jahre aus dem Nord- und Südatlantik zuhause anlandete, propagiert.

Zutaten:
750 g Wirsing
100 g Butter
Salz, Pfeffer
1 Tl gemahlener Kümmel
100 ml trockener Weißwein
1 kg Fischfilet (Kabeljau, Seelachs, Rotbarsch)
1 Zitrone
250 g Sahne
2 El weiße Sauce (FP)
2 Eier
3 El Paniermehl

1 Den Wirsing putzen und waschen, Strunk entfernen und die Blätter in kochendem Wasser blanchieren. Den Wirsing aus dem Wasser nehmen, abtropfen lassen und in Streifen schneiden.

2 Gut die Hälfte der Butter in einem Topf erhitzen und den Wirsing darin andünsten. Salzen und Kümmel dazugeben, den Wein dazugießen.

3 Den Wirsing im gewürzten Sud 15 Minuten dünsten, bis dieser fast verkocht ist.

4 Die Zitrone auspressen. Die Fischfilets waschen, trockentupfen, mit dem Saft der Zitrone beträufeln, salzen und pfeffern. Die Fischfilets in größere Stücke schneiden.

5 Die Sahne mit der weißen Sauce vermischen und kurz aufkochen lassen, salzen und pfeffern. Die Eigelbe von den Eiern trennen und unter die Sauce geben, die nun nicht mehr kochen darf.

6 Das Paniermehl in der restlichen Butter in einer Pfanne anrösten.

7 Den gegarten Wirsing in eine Auflaufform schichten, einen weiteren Teil der Butter in Flöckchen darauf geben. Die Fischfiletstücke auf den Kohl legen, die Sauce darüber geben, das Paniermehl über den Fischauflauf streuen und diesen 20 Minuten im vorgeheizten Backofen auf 200 Grad (Gas: Stufe 3) backen.

8 Den Fischauflauf in der Auflaufform servieren und Petersilienkartoffeln dazu reichen.

Zubereitungszeit 55 Minuten
Pro Portion ca. 705 kcal/2961 kJ
56 g E · 46 g F · 13 g KH

Schleizer Karpfen

Dieses außergewöhnliche Rezept stammt aus dem thüringischen Ort Schleiz (im ehemaligen Bezirk Gera).

Zutaten:
1 küchenfertiger Karpfen
(ca. 1–1,5 kg)
Für den Sud:
1 Zwiebel
Wurzelwerk
2 l Wasser
1/4 l Essig
2 El Salz, 2 El Zucker
1 Lorbeerblatt, 5 Pfefferkörner
Für den Karpfen:
4 El Essig
Für die Sauce:
2 El Fettigkeit (Butter)
350 g Stachelbeeren
2 Äpfel
4 El Meerrettich
Garnitur (Petersilie und Zitronenscheiben)

1 Die Zwiebel schälen und vierteln. Das Wurzelwerk putzen, waschen und klein schneiden.

2 Für den Sud alle Zutaten im Essigwasser aufsetzen und bei reduzierter Hitze 1/2 Stunde kochen. Den Sud abseihen und die Zutaten herausnehmen.

3 Den Karpfen waschen (nicht schuppen!), auf einer Platte mit vorher erhitztem Essig übergießen, dann in den kalten Sud legen, diesen erhitzen und den Karpfen etwa 25 Minuten knapp unter dem Siedepunkt gar ziehen lassen.

4 Den Karpfen aus dem Topf nehmen, mit Butter bestreichen und warm stellen.

5 Für die Sauce die Stachelbeeren putzen, waschen, abtropfen lassen und durch ein Sieb streichen.

Die Äpfel schälen, die Kerngehäuse entfernen und das Fruchtfleisch raspeln.

6 Das Stachelbeermus mit Apfelraspel und Meerrettich verrühren. Die Sauce anschließend salzen und pfeffern.

7 Den Karpfen auf einer vorgewärmten Platte anrichten und mit Petersilie und Zitronenscheiben garnieren. Die Sauce separat reichen. Dazu passen Butterkartoffeln.

Zubereitungszeit 1 Stunde 10 Minuten
Pro Portion ca. 613 kcal/2573 kJ
30 g E · 7 g F · 101 g KH

Gebratener Stör

Der Stör, dem wegen seines Kaviars so sehr nachgestellt wird, liefert schönes festes Fischfleisch.

Zutaten:
4 El Milch
Salz, Pfeffer
1 Zwiebel
6–8 Tomaten
500 g Störfilet
Mehl
3 El Fettigkeit (Butter oder Margarine)
Petersilie oder Dill

1 Die Milch mit Salz und Pfeffer vermengen.

2 Die Zwiebel schälen und in Ringe schneiden. Die Tomaten überbrühen, schälen und halbieren.

3 Das Fischfilet portionieren, in die Milch legen, in Mehl wälzen und in heißem Fett in einer Pfanne braten. Danach warm stellen.

4 In einer zweiten Pfanne die Tomatenhälften, mit Salz und Pfeffer bestreut, einige Minuten dünsten.

5 Die Zwiebelringe gesondert in Fett goldgelb schwitzen.

6 Die gebratenen Störfilets werden, mit Bratfett begossen und mit frischer Petersilie oder Dill bestreut, auf einer vorgewärmten Platte serviert. Auf jeden Teller legt man einige Tomatenhälften und Zwiebelringe. Als „Sättigungsbeilage" eignen sich Salzkartoffeln.

Anmerkung:
Das Störfilet darf nicht zu lange gebraten werden, denn das Fleisch wird leicht zu fest.

Zubereitungszeit 40 Minuten
Pro Portion ca. 219 kcal/919 kJ
30 g E · 7 g F · 9 g KH

Kuchen und Gebäck

Baumkuchen

Salzwedel in der Altmark ist die Baumkuchenstadt schlechthin. Die Grundlage dieses Kuchens bildet ein Biskuitteig, der hier nach alter Tradition an einer langen, rotierenden Walze schichtweise über offenem Feuer gebacken wird, wobei man die Füllung zwischendurch immer wieder aufstreicht. Der fertige Kuchen wird mit einer temperierten Nougatmasse bestrichen – zur Verzierung werden zum Schluss Mandelstückchen am Rand angedrückt. Im Privathaushalt wird der Kuchen in einer Backform gebacken.

Zutaten:

250 g Butter
200 g Puderzucker
4 Eigelb
2 ganze Eier
1 El Vanillinzucker
2 El Rum
4 Eiweiß
50 g Zucker
175 g Mehl
75 g Speisestärke
1 Tl Backpulver

1 Den Ofen auf 190 Grad (Gas Stufe 2–3) vorheizen. Eine Springform (Durchmesser 26 cm) mit Backpapier auslegen.

2 Die Butter schaumig rühren. Puderzucker, Eigelb und ganze Eier dazugeben und zu einer schaumigen Masse verrühren. Vanillinzucker und Rum zugeben.

3 Die Eiweiß steif schlagen, den Zucker löffelweise einrieseln lassen, fest aufschlagen und auf die Schaummasse gleiten lassen.

4 Das Mehl mit Speisestärke und Backpulver vermischen und darüber sieben. Danach alles mit einem Holzlöffel gut unterheben.

5 3 El Teig auf den Boden der Springform streichen und etwa 10 Minuten hellgelb backen. Auf die gebackene Teigschicht 2 El Teig schichten und wieder hellgelb backen. Und so weiter fortfahren, bis der Teig verbraucht ist. So entstehen 8–9 Teigschichten. Zum Schluss nur noch mit Oberhitze backen.

6 Den Kuchen aus dem Ofen nehmen, kurz abdämpfen lassen, auf ein Gitter stürzen und erkalten lassen.

7 Abschließend die Torte mit Aprikosenguss bestreichen, antrocknen lassen und dann mit Zitronenguss überziehen.

Zubereitungszeit 1 Stunde 40 Minuten
Pro Stück ca. 326 kcal/1368 kJ
5 g E · 21 g F · 29 g KH

Thüringer Mohnkuchen

Zutaten:
500 g Mehl
1 Prise Salz
40 g Hefe
1/4 l Milch
100 g Fettigkeit (am besten Butter)
60 g Zucker
1 Ei
Butter für das Blech
Für den Belag:
1 l Milch
125 g Grieß
250 g gemahlener Mohn
200 g Zucker
1 Päckchen Vanillinzucker
1 Prise Salz
100 g gemahlene Mandeln
Saft von 1/2 Zitrone
2 Eigelb, 2 Eiweiß
75 g Puderzucker

1 Das Mehl in einer Schüssel mit dem Salz vermischen, in die Mitte eine Vertiefung eindrücken, die Hefe hineinbröckeln und mit der Hälfte der vorher leicht erwärmten Milch verrühren. Gut zugedeckt 20 Minuten gehen lassen. Die Butter in der zweiten Hälfte der lauwarmen Milch schmelzen lassen und an den Teig geben. Den Zucker und das verquirlte Ei zufügen.

2 Mit den Knethaken eines Rührgerätes oder mit einem Holzlöffel den Teig so lange schlagen, bis er Blasen wirft und sich vom Schüsselboden löst. Darauf den Teig an einem warmen Ort 1 Stunde gehen lassen.

3 Den gut aufgegangenen Hefeteig in der Größe eines Backblechs ausrollen, auf das vorher eingefettete Blech geben, einen Rand hochdrücken und nochmals 30 Minuten gehen lassen.

4 Für den Belag die Milch in einem Topf aufkochen, Grieß und Mohn einrieseln lassen und bei reduzierter Hitze 30 Minuten quellen lassen. Zucker, Vanillinzucker, Salz, Mandeln, Zitronensaft und Eigelb untermischen. Die Eiweiß in einer Schüssel steif schlagen und unterheben.

5 Den Belag auf den Teig streichen, das Backblech auf die mittlere Schiene im vorgeheizten Backofen geben und den Mohnkuchen 40 Minuten bei 200 Grad (Gas: Stufe 3) backen. Danach den Kuchen aus dem Ofen nehmen und mit Puderzucker bestäuben.

Zubereitungszeit 1 Stunde
(plus Zeit zum Gehen)
Pro Stück ca. 310 kcal/1302 kJ
9 g E · 14 g F · 38 g KH

Eierschecke

Unter den vielen sächsischen Kuchen ist die Eierschecke wohl der berühmteste.

Zutaten:
300 g Mehl
1 Prise Salz
20 g Hefe
40 g Zucker
125 ml Milch
60 g Fettigkeit (am besten Butter)
1 Ei
abgeriebene Schale von 1 Zitrone
Butter für das Blech
Für den Belag:
500 g Quark
50 g Zucker
2 Eigelb
20 g Stärkepuder, 4 El Milch
Für den Guss:
250 g Butter
125 g Zucker
4 Eier
80 g Rosinen
50 g gewürfeltes Zitronat
Zum Bestreuen:
50 g Butter, 50 g Zucker

1 Das Mehl in einer Schüssel mit dem Salz vermischen, in der Mitte eine Vertiefung eindrücken, die Hefe hineinbröckeln und mit der Hälfte der vorher leicht erwärmten Milch verrühren. Gut zugedeckt 20 Minuten gehen lassen.

2 Die Butter in der anderen Hälfte der lauwarmen Milch schmelzen und an den Teig geben. Den Zucker, das verquirlte Ei und die Zitronenschale hinzufügen.

3 Mit den Knethaken eines Rührgerätes oder mit einem Holzlöffel den Teig so lange schlagen, bis er Blasen wirft und sich vom Schüsselboden löst. Danach muss der Teig 1 Stunde zugedeckt an einem warmen Ort gehen.

4 Für den Belag den Quark, den Zucker und die Eigelb mit dem Elektroquirl zu einer schaumigen Masse verrühren, dann das Stärkepuder hinzufügen und die Quarkmasse mit der Milch verrühren.

5 In einer weiteren Schüssel Butter, Zucker und Eier mit dem elektrischen Schneebesen zu einer dick schaumigen Creme verrühren.

6 Den gut aufgegangenen Hefeteig in der Größe eines Backblechs ausrollen, auf das vorher eingefettete Blech geben und nochmals 30 Minuten gehen lassen. Den Teig auf dem Backblech mit der Quarkmasse bestreichen und die Buttercreme darüber streichen. Die Rosinen und das Zitronat aufstreuen.

7 Die Eierschecke im vorgeheizten Backofen bei 200 Grad (Gas: Stufe 3) 30 Minuten backen.

8 Die Eierschecke aus dem Ofen nehmen und noch heiß mit der zerlassenen Butter bestreichen und mit Zucker bestreuen, damit dieser eine schöne Kruste bildet. Abschließend in Vierecke schneiden und abkühlen lassen.

Anmerkung:
Beim Backen auf jeden Fall zu große Oberhitze vermeiden!

Zubereitungszeit 1 Stunde
(plus Zeit zum Gehen)
Pro Stück ca. 528 kcal/2218 kJ
13 g E · 30 g F · 51 g KH

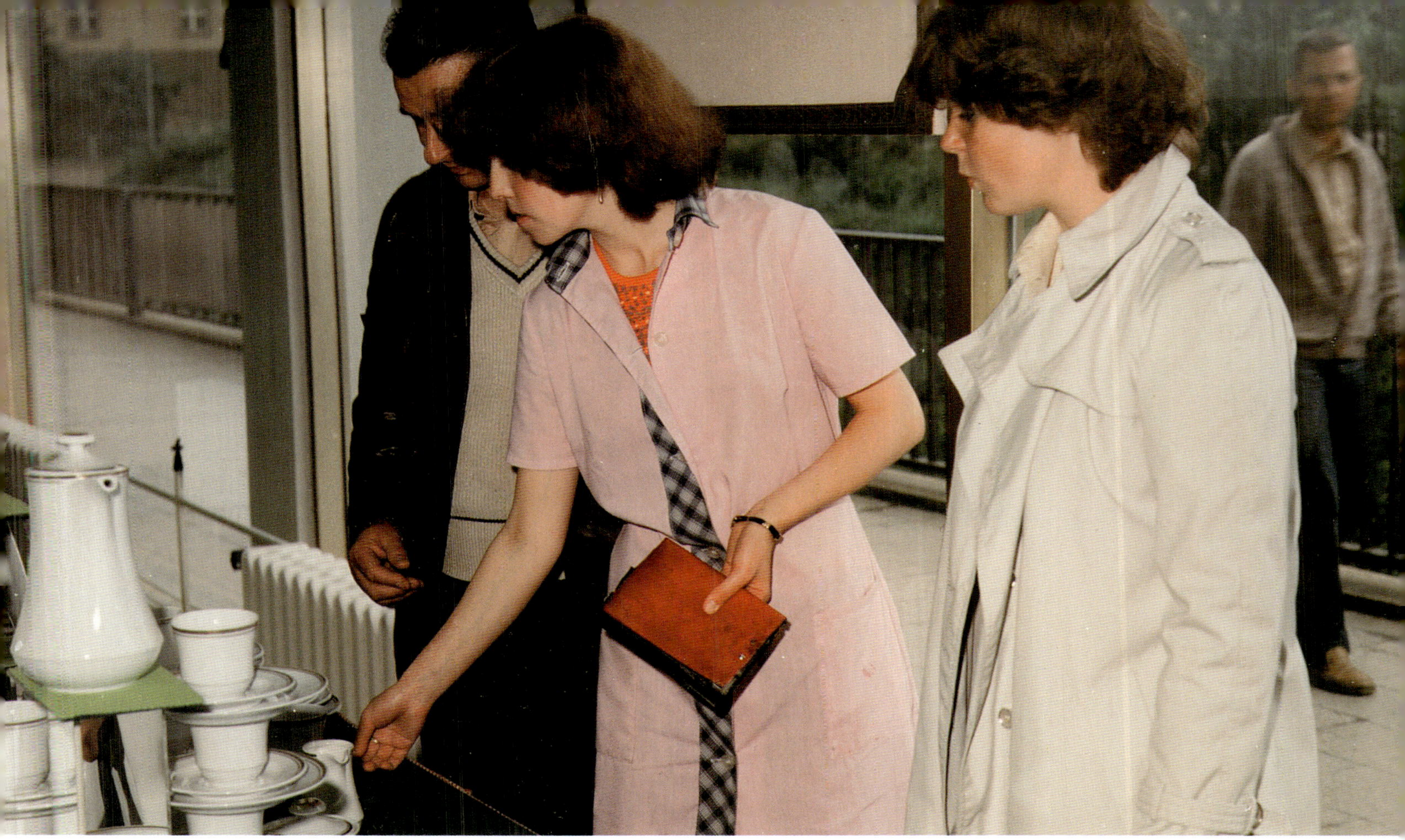

Berliner Napfkuchen

Die Berliner Variante des Napfkuchens zeichnet sich durch die Verwendung von Mandeln und Korinthen wie auch Sultaninen aus, die beide in Rum eingelegt wurden.

Zutaten:
200 g Rosinen (Korinthen und Sultaninen halb und halb)
10 cl Rum
30 g Hefe
1/2 Tasse Milch
300 g Butter
200 g Zucker
6 Eier
500 g Mehl
abgeriebene Schale von 1/2 Zitrone
25 geriebene Mandeln
Muskatblüte
50 g gehacktes Zitronat
Puderzucker

1 Die Korinthen und Sultaninen am Vorabend in einen passenden Behälter geben und den Rum darüber träufeln, so dass er über Nacht einziehen kann.

2 Die Hefe mit einem kleineren Teil des Zuckers in der leicht erwärmten Butter anrühren und 15 Minuten bei Zimmertemperatur stehen lassen.

3 Die Butter mit dem Hauptteil des Zuckers in einer Schüssel schaumig rühren, Eier, Mehl, Zitronenschale, Mandeln, Salz und Muskatblüte mit der Hefemischung nach und nach verrühren und zu einem glatten Teig kneten.

4 Den Teig an einem warmen Ort 30 Minuten gehen lassen und dann nochmals durchkneten.

5 Sultaninen und Korinthen gut ausdrücken und mit dem Zitronat unter den Teig kneten. Dann den Teig in eine gebutterte Napfkuchenform füllen (Durchmesser 24 Zentimeter), darin weiter gehen lassen, bis das Volumen sich annähernd verdoppelt hat.

6 Den Kuchen im vorgeheizten Backofen bei etwa 200 Grad (Gas: Stufe 3) 50-60 Minuten backen.

7 Die Kuchenform aus dem Backofen nehmen, abkühlen lassen, den erkalteten Kuchen aus der Form stürzen und mit Puderzucker bestäuben.

Zubereitungszeit 1 Stunde 30 Minuten
Pro Stück ca. 613 kcal/2572 kJ
12 g E · 26 g F · 80 g KH

Dresdner Christstollen

Als vor fünfhundert Jahren Mönche in Naumburg an der Saale die ersten flachen Rosinenlaibe aus Hefeteig formten, um damit das in Windeln gewickelte Christkind zu symbolisieren, konnten sie nicht ahnen, dass ein Dresdner Zuckerbäcker dieses Gebäck später unter der Bezeichnung „Dresdner Christstollen“ weltberühmt machen sollte.

Stollen können gut verschlossen lange aufbewahrt werden. Üblicherweise schnitt man in sächsischen Großfamilien den letzten Stollen erst kurz vor Ostern an.

Zutaten:

175 g Rosinen
2 El Weinbrand oder Rum
450 g Mehl
1 Würfel Hefe
1/8 l Milch
85 g Zucker
125 g fein gehackte Mandeln
75 g Zitronat
75 g Orangeat
1 Prise Salz
200 g Backfett (am besten Butter)
40 g Butterschmalz
35 g Schweineschmalz

Außerdem:

Mehl zum Ausrollen
Fett für das Backblech
50 g Backfett (am besten Butter) zum Betreichen
150 g Puderzucker

1 Rosinen in dem Alkohol über Nacht einweichen.

2 100 g Mehl in eine Schüssel geben, in die Mitte eine Vertiefung drücken. Hefe mit 50 ml lauwarmer Milch und 1 Tl Zucker verrühren, in die Vertiefung gießen und mit etwas Milch dickbreiig verrühren. Zugedeckt 15 Minuten gehen lassen.

3 Anschließend Mandeln, restliche Milch, restlichen Zucker, Zitronat, Orangeat, Rosinen und Salz unterkneten. 150 g Backfett und Schmalz zerlassen, unter den Teig kneten und etwa 1 Stunde gehen lassen.

4 Teig kräftig durchkneten und zugedeckt wiederum 1 Stunde gehen lassen.

5 Anschließend auf einer bemehlten Arbeitsfläche zu einer Rolle formen, mit dem Nudelholz der Länge nach in der Mitte eindrücken, so dass 2 Wülste entstehen. Den einen Wulst bis zur Hälfte über den anderen schlagen und leicht andrücken.

6 Auf ein gefettetes Backblech legen und zugedeckt 30 Minuten gehen lassen. Backofen auf 200 °C vorheizen.

7 Im vorgeheizten Backofen bei 200 °C (Gasherd Stufe 3) etwa 1 Stunde backen.

8 Restliches Backfett zerlassen, Stollen noch warm mit der Hälfte des Fettes dick bestreichen und mit Puderzucker besieben. Restliche Butter darüber verteilen und restlichen Puderzucker darüber streuen. Stollen vor dem Anschneiden mindestens 1 Woche durchziehen lassen.

Zubereitungszeit 40 Minuten (plus Zeit zum Einweichen, Gehen und Backen)
Pro Stück ca. 438 kcal/1839 kJ
6 g E · 24 g F · 48 g KH

Sächsischer Streuselkuchen

Zutaten:
500 g Mehl
1 Prise Salz
40 g Hefe
1/4 l Milch
100 g Fettigkeit (am besten Butter)
1 Ei
abgeriebene Schale von 1 Zitrone
60 g Zucker
100 g Rosinen
Butter für das Blech
Für die Streusel:
200 g Mehl
180 g Zucker
250 g Fettigkeit (am besten Butter)
1 Prise Zimt

1 Das Mehl in einer Schüssel mit dem Salz vermischen, in die Mitte eine Vertiefung eindrücken, die Hefe hineinbröckeln und mit der Hälfte der vorher leicht erwärmten Milch verrühren. Gut zugedeckt 20 Minuten gehen lassen. Die Butter in der zweiten Hälfte der lauwarmen Milch schmelzen lassen und an den Teig geben. Den Zucker, das verquirlte Ei und die Zitronenschale hinzufügen.

2 Mit den Knethaken eines Rührgerätes oder mit einem Holzlöffel den Teig so lange schlagen, bis er Blasen wirft und sich vom Schüsselboden löst. Die Rosinen mit der Hand darunter geben und den Teig 1 Stunde an einem warmen Ort gehen lassen.

3 Den gut aufgegangenen Hefeteig in der Größe eines Backblechs ausrollen, auf das vorher eingefettete Blech geben, einen Rand hochdrücken und nochmals 30 Minuten gehen lassen.

4 Für die Streusel das Mehl mit dem Zucker, der zerlassenen Butter und dem Zimt mischen, zu gleichmäßigen Krümeln zerpflücken und auf dem Hefeteig verteilen.

5 Den Kuchen im vorgeheizten Backofen bei 200 Grad (Gas: Stufe 3) knapp 30 Minuten goldgelb backen.

Zubereitungszeit 45 Minuten
(plus Zeit zum Gehen)
Pro Stück ca. 283 kcal/1191 kJ
4 g E · 13 g F · 1 g KH

Kirschstrudel

Diese österreichische Nationalspeise soll ihren Ursprung angeblich im Osmanischen Reich gehabt haben. Die Türken hatten die Fertigkeit des Umgangs mit hauchdünnem Teig auf ihren Eroberungszügen nach Ungarn gebracht – und damit in das Habsburger Reich. In der DDR hat man jedenfalls auch gerne Strudel gegessen.

Zutaten:
300 g Mehl
1 Ei, 1 El Öl
Salz
1/8 l lauwarmes Wasser
Mehl zum Bestäuben
Für die Füllung:
1 kg Sauerkirschen
150 g Zucker
100 g Butter
80 g Paniermehl
Butter zum Bestreichen

1 Das Mehl mit Ei, Öl, etwas Salz und Wasser zu einem elastischen Teig verkneten. Den Teig in Portionen (je nach gewünschter Größe des Strudels) teilen und Laibe formen. Die Oberfläche des Laibes jeweils mit Öl bestreichen und eine halbe Stunde zugedeckt ruhen lassen.

2 Den Teig portionsweise auf einem bemehlten Küchentuch (dem so genannten Strudeltuch) 1/2 Zentimeter dick ausrollen, dann mit den Händen papierdünn ausziehen. Dazu greift man mit dem bemehlten Handrücken unter den Teig und zieht ihn von der Teigmitte vorsichtig nach außen. Die Ränder zieht man mit den Fingerspitzen aus, die Teigränder werden abgeschnitten. Entstandene Löcher werden mit den abgeschnittenen Teigränderstücken verklebt.

3 Die Sauerkirschen entsteinen und zuckern.

4 Den ausgezogenen Teig beträufelt man mit zerlassener Butter, bestreut ihn mit Paniermehl und legt die Kirschfülle so auf, dass ein breiter Rand frei bleibt. Den Teig rollt man nun durch Hochheben des Tuchs auf und schlägt die Ränder fest ein. Danach legt man den Strudel mit der Teignaht nach unten auf ein eingefettetes Backblech und bestreicht ihn mit zerlassener Butter.

5 Den Strudel im vorgeheizten Backofen bei 180 Grad (Gas: Stufe 2–3) etwa 40 Minuten backen. In der ersten Hälfte der Backzeit sollte man ihn mehrmals mit Butter bestreichen, damit er besonders schön wird.

6 Den Strudel mit Puderzucker bestreuen und noch warm servieren.

Zubereitungszeit 1 Stunde 15 Minuten
(plus Zeit zum Ruhen)
Pro Stück ca. 865 kcal/3633 kJ
14 g E · 27 g F · 139 g KH

Nachspeisen

Hagebuttenkompott

Zutaten:
500 g Hagebutten
200 g Zucker
1/4 l Weißwein
Schale von 1 Zitrone

1 Für das Kompott die Hagebutten durchschneiden, Kerne entfernen, die Hälften waschen und abtrocknen.

2 Die Hagebuttenhälften mit Weißwein, Zucker und der geriebenen Zitronenschale 20 Minuten köcheln und evtl. noch mit Zucker abschmecken.

Zubereitungszeit 30 Minuten
Pro Portion ca. 523 kcal/2195 kJ
7 g E · 3 g F · 100 g KH

Berliner Pfannkuchen

Berliner Pfannkuchen sind in ganz Deutschland einfach als „Berliner" bekannt. Besonders gerne werden sie in der Karnevalszeit gereicht, wobei man mit großer Freude einen davon mit Senf füllt....

Rund ist der Berliner deshalb, weil ihn Anno 1750 ein Artillerist "erfand". Er hatte sich als waffenuntauglich erwiesen, durfte aber als Feldbäcker beim Regiment verbleiben. Zum Dank dafür schuf er den ersten Berliner in Kanonenkugelform.

Zutaten:
500 g Mehl
1/2 Tl Salz
30 g Hefe
1/4 l Milch
60 g Zucker
100 g Butter
abgeriebene Schale von 1/2 Zitrone
1 El Rum
3 Eigelb
Für die Füllung:
Marmelade oder Pflaumenmus
Ausbackfett (Schweineschmalz)
Zucker oder Puderzucker

1 Das Mehl mit Salz vermischen, in die Mitte eine Vertiefung drücken. Hefe hineinbröckeln und mit der Hälfte der Milch verrühren.

2 Den Teig zugedeckt an einem warmen Ort 20 Minuten gehen lassen.

3 Die Butter in der restlichen lauwarmen Milch einschmelzen und an den Teig geben. Zucker, geriebene Zitronenschale, Rum und Eigelb hinzufügen.

4 Den Hefeteig kneten und schlagen, bis er Blasen wirft und sich vom Schüsselboden löst, und dann zugedeckt an einem warmen Ort aufgehen lassen.

5 Den Hefeteig auf einem bemehlten Brett nicht zu dünn ausrollen. Mit einer Form oder einem Glas Kreise von 6–7 Zentimeter Durchmesser ausstechen.

6 Auf die Hälfte der Teigscheiben einen Klecks Marmelade oder Mus geben. Je eine Teigscheibe darüber legen, die Ränder fest zusammen drücken.

7 Die Pfannkuchen so lange gehen lassen, bis sie sich kugelförmig auf etwa das Doppelte vergrößert haben.

8 Die Pfannkuchen schwimmend in heißem Schweineschmalz von beiden Seiten goldbraun ausbacken.

9 Die Pfannkuchen mit dem Schaumlöffel herausnehmen, auf einem Sieb abtropfen lassen und sofort mit Zucker oder Puderzucker bestreuen.

Zubereitungszeit 40 Minuten
(plus Zeit zum Gehen)
Pro Portion ca. 903 kcal/3791 kJ
19 g E · 35 g F · 127 g KH

Quarkkeulchen

Zutaten:
500 g Kartoffeln
250 g Quark
30 g Butter
100 g Zucker
2 Eier
1/2 Tl Salz
abgeriebene Schale von 1/2 Zitrone
50 g Mehl
50 g Sultaninen
60 g Fettigkeit (Margarine)
2 El Zimtzucker

1 Die Kartoffeln kochen, pellen, durchpressen und kalt werden lassen.

2 Den Quark in einem Sieb abtropfen lassen oder in einem Tuch ausdrücken.

3 Aus der Butter, dem Zucker und den Eiern eine schaumige Masse schlagen. Salz, die Zitronenschale und den Quark unterrühren. Die kalten Kartoffeln, das Mehl und die Sultaninen dazugeben. Alles zusammen zu einem geschmeidigen Teig verarbeiten.

4 Aus dem Teig mit bemehlten Händen kleine Keulchen formen.

5 Die Keulchen in der erhitzten Margarine von beiden Seiten goldbraun backen und noch warm mit Zimtzucker bestreuen.

Anmerkung:
Quarkkeulchen kann man als Nachspeise oder mit Kompott als süßes Gericht servieren.

Zubereitungszeit 45 Minuten
Pro Portion ca. 538 kcal/2258 kJ
17 g E · 22 g F · 67 g KH

Speckpflaumen

Zutaten für 6-8 Portionen:
200 g durchwachsener Speck
500 g Backpflaumen
Öl

1 Den Speck in dünne Streifen schneiden. Pflaumen waschen und trocknen. Jede Pflaume mit einer Speckscheibe umwickeln und mit einem Zahnstocher feststecken.

2 Das Öl erhitzen und die Speckpflaumen knusprig braten, bis der Speck glasig ist.

3 Die Speckpflaumen warm servieren – ein herzhafter Nachtisch, am besten mit einem Schnäpschen begleitet. Die Speckpflaumen können aber genauso gut als Amuse Gueule gereicht werden.

Zubereitungszeit 20 Minuten
Pro Portion ca. 210 kcal/882 kJ
3 g E · 8 g F · 71 g KH

Apfelringe in Zimt

Äpfel waren das meist verzehrte Obst in der DDR.

Zutaten:
1 Zitrone
6 Äpfel
300 g Mehl
3 Eier
2 El Zucker
Salz
2 El Öl
500 ml Frittierfettigkeit (Öl)
1 El gemahlener Zimt

1 Die Zitrone halbieren und auspressen.

2 Die Äpfel waschen, schälen, die Kerngehäuse entfernen, die Äpfel in knapp 1 Zentimeter dicke Scheiben schneiden und sofort mit dem Zitronensaft beträufeln.

3 Das Mehl mit Eiern, Zucker, Salz, 0,3 Liter Wasser und 2 El Öl zu einem glatten Teig verrühren und 10 Minuten stehen lassen.

4 Den Hauptteil des Öls in einem hohen Topf erhitzen, Die Apfelscheiben nacheinander in den Teig tauchen und im heißen Öl schwimmend ausbacken. Die Apfelringe mit Zimt bestreuen.

5 Besonders lecker sind die Apfelringe, wenn man sie noch warm zu Vanilleeis serviert.

Zubereitungszeit 30 Minuten
(plus Ausbackzeit)
Pro Portion ca. 675 kcal/2835 kJ
14 g E · 32 g F · 81 g KH

Waldmeisterschaum

Die Eigenversorgung spielte in der DDR-Küche eine große Rolle. Nicht nur, dass man in den Datschen Obst und Gemüse erntete, man ging auch in den Wald, um Pilze zu sammeln – oder um im zeitigen Frühjahr Waldmeister zu pflücken. Daraus bereitete man auch Waldmeistersirup in einer Zuckerlösung zu. Heute ist Waldmeistersirup in Spezialitätenläden zu kaufen. Auch Vanillesauce ist als Fertigprodukt zu kaufen. Man kann sie aber auch selbst zubereiten.

Zutaten:
2 Eier
50 g Zucker
250 ml Sahne
2 Blatt Gelatine
100 ml Waldmeistersirup (FP)
175 g Crème fraîche
1 Hand voll frische, gehackte Waldmeisterblätter
Für die Vanillesauce:
3/8 l Milch
1/8 l Sahne
1/2 Vanilleschote
3 Eigelb
60 g Zucker
3 El Sahne

1 Die Eier trennen und das Eiweiß mit Zucker steif schlagen.

2 Die Sahne mit dem Handrührgerät steif schlagen.

3 Die Gelatine in etwas kaltem Wasser 10 Minuten einweichen und gut ausdrücken.

4 Den Waldmeistersirup erwärmen und die Gelatine darin unter Rühren auflösen.

5 Die Crème fraîche unter den Sirup rühren, dann die Sahne, den Eischnee und die gehackten Waldmeisterblätter vorsichtig darunter heben.

6 Den Waldmeisterschaum in kalt ausgespülte Förmchen füllen und in den Eisschrank stellen, bis er fest geworden ist.

7 Den Waldmeisterschaum mit Vanillesauce servieren.

8 Zubereitung der Vanillesauce: Milch und Sahne mit der aufgeschlitzten Vanilleschote aufkochen lassen.

9 In einem weiteren Topf Eigelb mit Zucker schaumig rühren und mit dem Schneebesen die Vanillemilch vorsichtig darunter rühren. Die Vanillemilch auf dem Herd im Wasserbad unter ständigem Schlagen mit dem Schneebesen zu einer cremig gebundenen Sauce schlagen.

10 Die so abgeschlagene Vanillesauce beliebig mit Sahne abschmecken.

Zubereitungszeit 30 Minuten
(plus Kühlzeit)
Pro Portion ca. 685 kcal/2877 kJ
13 g E · 45 g F · 55 g KH

Grüne Grütze

Was den Hamburgern und Holsteinern die Rote Grütze ist, die ihre Farbe von Johannisbeeren, Himbeeren und Sauerkirschen erhält, ist den Mecklenburgern ihre Grüne Grütze aus Stachelbeeren.

Zutaten:
500 g grüne Stachelbeeren
200 g Zucker
1 Stückchen Ingwerwurzel
9 Blatt Gelatine
200 ml Wasser

1 Die Stachelbeeren waschen, Blüten und Stiele entfernen.

2 Das Wasser mit Zucker und Ingwer zum Kochen bringen. Die Früchte hinzufügen und darin kochen, bis sie zerplatzen. Ingwer herausnehmen. Stachelbeeren mit der Flüssigkeit pürieren und evtl. mit Wasser auf 3/4 Liter auffüllen.

3 Die kalt eingeweichte und ausgedrückte Gelatine sofort unter das heiße Fruchtpüree mischen, damit sie sich vollständig auflöst.

4 Das Stachelbeerpüree in kalt ausgespülte Förmchen (oder Tassen) füllen und einige Stunden im Kühlschrank erstarren lassen. Zum Stürzen die Förmchen kurz in heißes Wasser halten.

5 Grüne Grütze (wie die Rote Grütze) mit Vanillesauce servieren.

Anmerkung:
Die Grüne Grütze erhält durch Ingwer eine besonders pikante Note. In der DDR-Zeit gab es aber kaum Ingwer – so musste es eben auch ohne gehen.

Zubereitungszeit 40 Minuten (plus Kühlzeit)
Pro Portion ca. 268 kcal/1124 kJ
3 g E · 1 g F · 61 g KH

Mohnpielen

Mohnpielen werden vorwiegend zu Weihnachten und Silvester gereicht. Schlesische Zuwanderer brachten das Rezept mit nach Berlin.

Zutaten:
100 g Rosinen
3 cl Orangenlikör
2 süße Brötchen
4 Scheiben Zwieback
3/4 l Milch
250 g Mohn
1/4 Stange Vanille
150 g Zucker
120 g gehobelte Mandeln
1/4 l Sahne

1 Die Rosinen in Orangenlikör einweichen.

2 Die Brötchen in Scheiben schneiden, mit dem Zwieback in der angewärmten Milch 10 Minuten einweichen und auf einem Sieb abtropfen lassen, Milch dabei auffangen. Anschließend die Masse ausdrücken.

3 Mohn, Vanille, Rosinen, Zucker und Mandeln vorsichtig in der Brötchenmilch 10 Minuten kochen und dann abkühlen lassen.

4 Die Sahne steif schlagen, unter die Mohnmasse heben und schichtweise mit der ausgedrückten Brötchen- und Zwiebackmasse in eine Glasschüssel füllen.

5 Vor dem Servieren müssen die Mohnpielen 2 Tage im Kühlschrank durchziehen.

Anmerkung:
Im Spreewald werden Mohnpielen mit Früchten oder mit Weinschaum serviert.

Zubereitungszeit 40 Minuten
Pro Portion ca. 1250 kcal/5250 kJ
33 g E · 71 g F · 118 g KH

Register

Beelitzer

T

W

Z

Eistorte
Feinfrost
grüne Bohnen
Mischgemüse
Suppengemüse